planejamento e gestão ambiental:
diretrizes para o turismo sustentável

O selo DIALÓGICA da Editora InterSaberes faz referência às publicações que privilegiam uma linguagem na qual o autor dialoga com o leitor por meio de recursos textuais e visuais, o que torna o conteúdo muito mais dinâmico. São livros que criam um ambiente de interação com o leitor – seu universo cultural, social e de elaboração de conhecimentos –, possibilitando um real processo de interlocução para que a comunicação se efetive.

planejamento e gestão ambiental:
diretrizes para o turismo sustentável

Clauciana Schmidt Bueno de Moraes
Odaléia Telles Marcondes Machado Queiroz
Frederico Fábio Mauad

Conselho editorial
Dr. Ivo José Both (presidente)
Drª Elena Godoy
Dr. Nelson Luís Dias
Dr. Neri dos Santos
Dr. Ulf Gregor Baranow

Editor-chefe
Lindsay Azambuja

Editor-assistente
Ariadne Nunes Wenger

Preparação de originais
Masterpress

Capa
Laís Galvão dos Santos (*design* e fotografia)

Projeto gráfico
Bruno Palma e Silva

Diagramação
Renata Silveira

Iconografia
Celia Kikue Suzuki

1ª edição, 2017.

Dados Internacionais de Catalogação na Publicação (CIP)
(Câmara Brasileira do Livro, SP, Brasil)

Moraes, Clauciana Schmidt Bueno de
 Planejamento e gestão ambiental: diretrizes para o turismo sustentável/Clauciana Schmidt Bueno de Moraes, Odaléia Telles Marcondes Machado Queiroz, Frederico Fábio Mauad. Curitiba: InterSaberes, 2017.
 Bibliografia.
 ISBN 978-85-5972-542-1
 1. Desenvolvimento sustentável 2. Ecoturismo 3. Gestão ambiental 4. Meio ambiente 5. Proteção ambiental 6. Turismo – Administração 7. Turismo – Planejamento I. Queiroz, Odaléia Telles Marcondes Machado. II. Mauad, Frederico Fábio. III. Título.

17-09266   CDD-338.4791

Índices para catálogo sistemático:
1. Turismo: Gestão ambiental e sustentabilidade: Economia 338.4791

Informamos que é de inteira responsabilidade dos autores a emissão de conceitos.

Nenhuma parte desta publicação poderá ser reproduzida por qualquer meio ou forma sem a prévia autorização da Editora InterSaberes.

A violação dos direitos autorais é crime estabelecido na Lei n. 9.610/1998 e punido pelo art. 184 do Código Penal.

Foi feito o depósito legal.

Rua Clara Vendramin, 58 – Mossunguê
CEP 81200-170 – Curitiba – PR – Brasil
Fone: (41) 2106-4170
www.intersaberes.com
editora@editoraintersaberes.com.br

s u m á r i o

apresentação, 7

c a p í t u l o 1 Visão geral: o turismo no Brasil, 13
1.1 Ecoturismo, 17 ~ 1.2 Turismo rural, 18

c a p í t u l o 2 Políticas públicas e desenvolvimento da atividade turística, 23

c a p í t u l o 3 Proteção e conservação do patrimônio ambiental e turístico, 33

c a p í t u l o 4 Instrumentos de planejamento e gestão ambiental aplicados ao turismo, 47
4.1 Inventário, 53 ~ 4.2 Avaliação Prévia de Impacto Ambiental, 54 ~ 4.3 Diagnóstico e análise preliminar, 58 ~ 4.4 Zoneamento ambiental turístico, 59

c a p í t u l o 5 Planejamento Ambiental Municipal do Turismo (Plamtur), 67
5.1 Primeira fase, 68 ~ 5.2 Segunda fase, 69 ~ 5.3 Diretrizes para o planejamento e a gestão ambiental, 71

para concluir..., 77
referências, 79
anexo 1, 85
anexo 2, 95
anexo 3, 103
sobre os autores, 107

apresentação

O turismo é uma atividade que cresce constantemente no mundo todo e vem se desenvolvendo principalmente em cidades que buscam uma alternativa economicamente viável de desenvolvimento, aproveitando, muitas vezes os recursos culturais e paisagísticos privilegiados de determinada região. De acordo com Pérez (2009), o turismo, nos moldes que conhecemos hoje, teve um início elitista no final do século XIX, massificando-se depois da Segunda Guerra Mundial, em razão de uma conjuntura favorável de reconstrução econômica e de avanços tecnológicos, espalhando-se pelo mundo todo, reorganizando os mais diversos espaços.

O potencial do turismo para o desenvolvimento sustentável é reconhecido pela Organização das Nações Unidas (ONU) como um dos principais setores de geração de emprego do mundo. A atividade oferece oportunidade de subsistência, ajuda a reduzir a pobreza e direciona as atividades produtivas para o desenvolvimento e inclusão social. A meta da Organização Mundial do Turismo (OMT) ao designar 2017 como o Ano Internacional do Turismo Sustentável é ampliar a compreensão e conscientização da importância do turismo no compartilhamento do patrimônio natural, cultural e distribuição da riqueza proporcionada pelas viagens.

O turismo sustentável também valoriza as diferenças culturais e contribui para o fortalecimento da paz no mundo. A sustentabilidade tem como base três pilares: econômico, social e ambiental. O turismo, se bem concebido e gerido, proporciona emprego e renda em harmonia com a natureza, a cultura e a economia dos destinos. O consumo responsável dos serviços turísticos também minimiza impactos negativos ambientais e socioculturais e, ao mesmo tempo, promove benefícios econômicos para as comunidades locais e no entorno dos destinos. (Gurgel, 2017)

Os recursos naturais e/ou construídos são a matéria-prima do turismo. São eles que atraem os visitantes para determinada área e devem ser vistos como bens a serem conservados. Diante disso, aumenta a importância de estudos voltados a questões ambientais que se relacionam ao turismo e que, direta ou indiretamente, estão ligadas a aspectos sociais e econômicos.

Dessa forma, neste trabalho, pretendemos investigar esses aspectos, exemplificando-os por meio da atividade turística, ou seja, trataremos de questões voltadas à mitigação e à gestão de impactos e alterações negativas e, principalmente, à busca por meios de fortalecer a prevenção de danos. Portanto, devemos ter em mente que o planejamento e a gestão representam não só uma forma de auxílio para a administração das atividades da área, mas também a atuação na organização do espaço, que deve estar adequado às necessidades da população local e do visitante. Com relação às técnicas que podem ser utilizadas no desenvolvimento do turismo, podemos destacar as que são apresentadas no Planejamento Ambiental Municipal do Turismo (Plamtur). Entre as etapas presentes nessa metodologia, estão: o inventário, a Avaliação Prévia do Impacto Ambiental (Apia), o diagnóstico e a análise preliminar, e o zoneamento ambiental turístico.

No tocante ao inventário, é possível que exista um inventário municipal e um dos recursos paisagísticos e atrativos turísticos, para os quais devem ser feitos o levantamento e o reconhecimento de dados das características físico-ambientais, socioeconômicas, político-administrativas, de infraestrutura básica e turística e da demanda existente.

A Apia permite identificar os impactos positivos e negativos, com ênfase nos aspectos socioeconômicos, histórico-culturais e físico-ambientais. Já por meio do diagnóstico é possível fazer uma síntese dos dados das etapas anteriores, com informações sobre as características do município, de cada recurso paisagístico e atrativo turístico, identificando os pontos fracos e fortes. Assim, torna-se viável fazer uma análise preliminar da situação atual das potencialidades e fragilidades da área em estudo.

O zoneamento ambiental turístico, outra fase do método Plamtur, consiste na divisão do município em áreas geográficas para as quais se pretende, com base na análise dos dados obtidos nas etapas anteriores, identificar, também e de modo complementar, os principais aspectos físico-ambientais, socioeconômicos, histórico-culturais e turísticos daquela localidade. Essas informações podem subsidiar o zoneamento, que é um importante instrumento para a definição da utilização dos espaços em uma unidade geográfica municipal ou em parte desta. Ainda nessa mesma etapa, há a análise geral dos dados e a proposição de diretrizes como subsídios para o planejamento e a gestão ambiental ou turística em um município ou empreendimento.

Um estudo mais detalhado e completo pode oferecer um melhor direcionamento para o planejamento e uma gestão ambiental e turística mais adequada e eficaz ao desenvolvimento da economia local, a fim de proporcionar, além da maximização e da manutenção dos aspectos positivos, a minimização e a prevenção dos aspectos negativos.

Nesta obra, analisaremos a importância do planejamento e da gestão ambiental para o turismo em questões como o desenvolvimento econômico, a inclusão e a responsabilidade sociais e a proteção ambiental. Para esclarecer esses aspectos, explicitaremos como o Plamtur pode ser usado para subsidiar planos e projetos em municípios e empreendimentos.

capítulo 1

Visão geral: o turismo no Brasil

Muitas modificações vêm acontecendo no Brasil desde a década de 1950, quando foram intensificados os processos de industrialização e os movimentos de êxodo rural; transformações estas decorrentes de um projeto de modernização incentivado, notadamente, pelo Estado. Tal projeto ocasionou vários rearranjos socioespaciais, ativando locais que tinham potencialidade turística ou outra vocação econômica (Sarti; Queiroz, 2012).

Trigo (2001, p. 12) descreve o turismo como uma atividade que se organizou, com as características conhecidas hoje, a partir de meados do século XIX, como consequência do desenvolvimento tecnológico iniciado pela Revolução Industrial e do surgimento de parcelas da burguesia que tinham tempo, dinheiro e disponibilidade para viajar.

Esse autor considera que o marco inicial para o turismo de massa é o ano 1950, quando as tecnologias desenvolvidas durante a Segunda Guerra Mundial passaram a ser aproveitadas para fins pacíficos, como no caso da aviação comercial e das viagens marítimas. O crescimento da atividade turística na metade do século passado teria como causas a instituição de férias pagas aos trabalhadores, a elevação do nível de renda, a valorização da mentalidade do direito ao lazer e a mudança dos hábitos de consumo nas sociedades que, aos poucos, foram se transformando em "pós-industriais", com o crescimento do setor terciário ou de serviços. Nesse contexto, as pessoas conquistaram o direito ao tempo livre, e o turismo e as viagens tornaram-se um objeto de consumo.

O Brasil é um país de dimensões continentais (8.515.759 km^2)[*] e tem como uma forte característica a grande diversidade de ecossistemas, contando com florestas (Amazônica e a Mata Atlântica), formações arbustivas (cerrado e caatinga), extensas áreas de vegetação rasteira (campos do sul), formações complexas (Pantanal) e ecossistemas tipicamente litorâneos (mangues, dunas e restingas). Além disso, tem patrimônios históricos e culturais belíssimos e mundialmente reconhecidos (Cruz, 2001).

---

[*] *Conforme IBGE (2017).*

Trigo (2001, p. 19) ressalta ainda que "o Brasil tem um litoral de com aproximadamente 7.400 km de extensão, com vastas praias de areias brancas; possui 34 parques nacionais, vários parques estaduais e reservas biológicas, além de 70 cidades históricas". Apesar disso, ainda apresenta um desempenho aquém de suas possibilidades de implementação do turismo.

Entre as razões para o pequeno desenvolvimento do turismo no Brasil, podemos destacar: a estrutura, ou seja, os problemas econômicos do país, especialmente a má distribuição de riquezas e a injustiça social; os problemas sociais, como a falta de segurança (e a imagem do país no exterior); e a precariedade do sistema de transporte da infraestrutura turística (Trigo, 2001).

Em razão dessa preocupação com a qualidade do produto turístico brasileiro e da oportunidade do imenso potencial que o país apresenta, em 2004, o Ministério do Turismo (MTur) criou o Programa de Regionalização do Turismo, que é um modelo de gestão descentralizado e coordenado com base nos princípios de flexibilidade, articulação, mobilização, cooperação intersetorial e interinstitucional e sinergia de decisões (Brasil, 2013).

O Programa tem como objetivo geral dar apoio à gestão, à estruturação e à promoção do turismo nacional, tanto de forma regionalizada como descentralizada. Além disso, apresenta os seguintes objetivos específicos:

- *Mobilizar e articular os programas e as ações do Ministério do Turismo, dos ministérios setoriais, das agências de fomento nacionais e multilaterais, para a abordagem territorial e a gestão descentralizada do turismo.*
- *Estabelecer critérios e parâmetros para a definição e a categorização dos municípios e das regiões turísticas, de modo a gerar indicadores de processos, resultados e de desempenho, como ferramentas de apoio à tomada de decisão técnica e política.*
- *Promover a integração e o fortalecimento das instâncias colegiadas, nos Estados, regiões e municípios, fortalecendo a Rede Nacional de Regionalização.*
- *Incentivar e apoiar a formulação e a gestão de planos turísticos estaduais, regionais e municipais, com o protagonismo da cadeia produtiva, adotando visão integradora de espaços, agentes, mercados e políticas públicas.*
- *Prover os meios para qualificar profissionais e serviços, bem como incrementar a produção associada nas regiões e nos municípios turísticos.*
- *Fomentar o empreendedorismo nos Estados, regiões e municípios turísticos, bem como criar oportunidades para a promoção de investimentos.*
- *Identificar as necessidades de infraestrutura dos Estados, regiões e municípios e articular sua priorização com áreas setoriais.*

- Apoiar a promoção e a comercialização dos produtos turísticos.
- Transferir conhecimento técnico visando à eficiência e à eficácia da gestão pública de turismo no País.
- Definir critérios, parâmetros e métodos capazes de estimular e disseminar as melhores práticas e iniciativas em turismo no País.
- Estabelecer critérios para a ampliação do uso de editais de seleção pública e escolher projetos, na escolha de projetos para a destinação de recursos públicos do orçamento. (Brasil, 2013, p. 24)

Esses tipos de projetos e programas certamente auxiliam na melhoria da qualidade do produto turístico nacional, proporcionando o reconhecimento e a valorização do potencial que cada localidade tem para o desenvolvimento do turismo.

Tendo abordado algumas características do histórico do fenômeno turístico e de seu desenvolvimento no Brasil, podemos tratar melhor de algumas questões conceituais. Segundo a Organização Mundial do Turismo (OMT), citada por Cruz (2001, p. 4), turismo é "uma modalidade de deslocamento espacial, que envolve a utilização de algum meio de transporte e ao menos um pernoite no destino, sendo motivado pelas mais diversas razões, como lazer, negócios, congressos, saúde e outros motivos desde que não correspondam a remuneração direta". Todavia, Cruz (2001, p. 5) complementa tal conceito descrevendo que "o paradoxo que se coloca entre definição oficial e situações práticas é que a lógica que orienta a organização dos espaços para o turismo é a do lazer*".

Já para Queiroz (2000), o turismo é um fenômeno histórico nascido: da extensão do tempo livre e da redução de tempo de trabalho; do lazer, proporcionado pelo estabelecimento de férias e finais de semana remunerados; do desenvolvimento dos transportes; e do aumento dos salários.

Outra definição que podemos citar é a de Ruschmann (1995), para quem o turismo é uma atividade oriunda de uma série de diversas e profundas necessidades do ser humano de ter espaço, movimento, bem-estar, expansão e repouso longe das tarefas impostas pelo trabalho cotidiano, buscando assim escapar da rotina, ter novas experiências, descobrir novos horizontes. Na visão desse autor, o turismo é uma prática social que envolve aspectos relacionados ao sistema de valores; ao estilo de vida; ao produtor, consumidor e organizador de espaços; à indústria e comércio; e à rede imbricada e aprimorada de serviços.

---

* Segundo Trigo (2001, p. 11), podemos entender como lazer "todas as atividades desenvolvidas fora do sistema produtivo (trabalho), das obrigações sociais, religiosas e familiares".

Ainda nesse contexto, Barreto (1998, p. 49) descreve que a atividade turística

tem um aspecto social tão importante quanto o desenvolvimento econômico, isto é, a possibilidade de expansão do ser humano, seja pelo divertimento ou pela possibilidade de conhecer novas culturas e enriquecer os conhecimentos através das viagens.

De acordo com Rodrigues (2001), no limiar do século XXI, o turismo aparece como um dos fenômenos mais marcantes, e sua expressividade não se refere somente ao fator econômico, mas, principalmente, ao social, na criação e recriação de formas espaciais diversificadas.

Lemos (1996, p. 11) afirma que o turismo é um fenômeno social e o considera uma força econômica que tem potencial para trazer melhores condições de vida para a população local, por meio das suas muitas atividades. Esse autor ainda destaca que, sem uma postura ética nas questões de meio ambiente social, o turismo terá sérios problemas e sua vitalidade será diminuída.

Nesse contexto, Cruz (2002) assevera que o turismo "transforma os lugares, impondo às localidades sua lógica de organização do espaço", ou seja, o espaço passa a se desenvolver para atender necessidades que o turismo gera, sem muitas vezes levar em consideração a condição da população local ou a transformação feita na natureza.

A gestão dos recursos deve estar diretamente ligada aos fatores culturais, sociais, econômicos e naturais. O ambiente não pode ser visto somente como matéria-prima a ser consumida, deve ser encarado como um elemento de auxílio ao contato humano mais íntimo com a natureza, principalmente na construção de uma consciência conservacionista.

Partindo das questões econômicas e sociais, Pellegrini Filho (1993) declara que o turismo é o movimento de pessoas e que, assim, é um fenômeno que envolve, antes de mais nada, gente. Dessa forma, o autor explica que essa área deve ser vista como um ramo das ciências sociais e não só das ciências econômicas, pois transcende a esfera das meras relações da balança comercial.

Rodrigues (1997, p. 93), por sua vez, descreve o turismo como "uma atividade complexa que compreende tanto a produção como o consumo, tanto as atividades secundárias (produção industrial) como as terciárias (serviços), que agem articuladamente, apropriando-se de lugares exóticos, de paisagens naturais e de paisagens históricas, transformando-os em lugares que deverão ser observados para se obter conhecimentos culturais e históricos, possibilitar o descanso e vários outros motivos simbólicos e reais".

Apoiados nos comentários de Rejowski (1998), complementamos essa visão esclarecendo que, a partir da década de 1950, com o aumento da atividade no pós-Segunda Guerra Mundial, como já mencionamos, o turismo assumiu uma maior importância no âmbito das ciências humanas e sociais. Contudo, as pesquisas e o conteúdo turístico têm se expandido nas várias áreas do conhecimento, o que engatilhou uma evolução nos estudos científicos multi e interdisciplinares relacionados à atividade turística. Apesar disso, na maioria dos casos, tais abordagens técnico-científicas ainda priorizam os aspectos econômicos, sociais e políticos.

Essas definições permitem formar um alicerce sobre o qual sustentaremos a abordagem dessa temática. Todavia, cabe ainda ressaltar que, com base nas pesquisas realizadas, diferentes segmentos vêm apresentando definições próprias, como o ecoturismo, o turismo ambiental/ecológico e o turismo rural.

1.1 Ecoturismo

Sobre o ecoturismo, podemos afirmar que quem necessita de lazer e descanso encontra nesse seguimento a oportunidade de conhecer e aprender com a natureza, pois esse contato lhe propicia o bem-estar individual, além da troca de experiências e de aventuras.

"Ecoturismo é um segmento da atividade turística que utiliza, de forma sustentável, o patrimônio natural e cultural, incentiva sua conservação e busca a formação de uma consciência ambientalista por meio da interpretação do ambiente, promovendo o bem-estar das populações" (Brasil, 2010). Barros (2000, p. 91) estende essa definição, informando que o ecoturismo permite às pessoas entender o valor daquilo que está sendo explorado e compreender a importância que o equilíbrio desse processo e de sua manutenção tem para as gerações futuras, sendo dessa forma uma atividade de geração de benefícios para a comunidade.

Já para Endres (1998), o ecoturismo consiste em viajar para áreas naturais não degradadas ou poluídas, com o objetivo específico de estudar, admirar e usufruir da paisagem, suas plantas e animais, bem como das manifestações culturais encontradas nessas regiões. O ponto principal é que a pessoa que pratica ecoturismo tem a oportunidade de mergulhar na natureza de uma maneira que normalmente não é possível no meio urbano.

Nas palavras de Ruschmann (1995, p. 23),

> a motivação da viagem que predomina na opção por um turismo ecológico é o contato com a natureza, seguida pela busca de emoções e aventura, curiosidade, estar com os amigos, conhecer novas pessoas, estudar o meio ambiente e exercitar-se fisicamente. [...] o turismo ecológico é aquele que permite a apreciação e o estudo da natureza e suas singularidades, sem comprometer a originalidade e autenticidade dos meios visitados.

Diante desse quadro de dinamização do ecoturismo, os estudos sobre o assunto, que antes eram bem raros, hoje se intensificam e relacionam aos impactos gerados pelo turismo no meio ambiente. Este, no início da era industrial, não recebia seu devido valor, pois era visto como fonte inesgotável de recursos e como produto.

1.2 Turismo rural

Segundo Mazollenis (1998), outro segmento em crescimento é o turismo rural, também chamado de *agroecoturismo*. Nele se destacam o surgimento de diversos pesque-pagues; hotéis-fazendas; condomínios rurais; empresas de circuitos ecoturísticos, como trilhas em parques nacionais, entre outros.

Tulik (2000) descreve que o turismo rural, em seu mais amplo sentido, é hoje caracterizado pela pluralidade de práticas, uma vez que o espaço rural ganhou novas funções em razão dos múltiplos recursos ali existentes de diversas atividades que nem sempre são tipicamente rurais, mas geralmente inovadoras e ajustadas a uma demanda crescente. Como assinala essa autora, o turismo rural tem sido visto como complemento à renda agrícola e pecuária, gerando empregos que contribuem para conter o êxodo rural.

Em documento do Ministério do Turismo, está registrado: "Turismo Rural é o conjunto de atividades turísticas desenvolvidas no meio rural, comprometido com a produção agropecuária, agregando valor a produtos e serviços, resgatando e promovendo o patrimônio cultural e natural da comunidade" (Brasil, 2010b, p. 18).

Com base nas definições dos diferentes segmentos da atividade turística que apresentamos aqui, podemos afirmar que elas tendem, de certa forma, à integração do indivíduo com o ambiente, a sua cultura e sua história local. Assim, é fundamental valorizar as comunidades e suas territorialidades turísticas, visando a uma melhora na qualidade de vida e reconhecendo a importância das pequenas ações que tem como objetivo o bem-estar comum em determinado local.

Vários pesquisadores brasileiros têm abordado a relação entre turismo e meio ambiente, notadamente a partir da década de 1990. Uma das razões para essa maior ênfase no assunto reside na observação da decadência de muitos polos de atração, resultado da intensa atividade turística no local. Com a utilização inadequada e exagerada dos recursos paisagísticos e atrativos turísticos pelo ser humano, ocorre a degradação ambiental, bem como a descaracterização da cultura local, o que, muitas vezes, pode causar decadência econômica.

Segundo Lindberg e Hamkiws (1995), nos últimos anos, o número de turistas que visitam áreas naturais tem aumentado de forma surpreendente. Infelizmente, essa tendência não tem sido acompanhada pelo planejamento e pela administração dos locais visitados, principalmente em áreas ecológicas e culturalmente frágeis. O que se tem visto na maior parte das áreas em que são praticadas atividades de lazer e de turismo é a quase total despreocupação com a manutenção do ecossistema envolvido, tratando-o como uma mercadoria a ser consumida vorazmente (Queiroz, 2000, p. 3).

Cabe lembrar que o espaço turístico é um local que deve ser administrado adequadamente para que não haja a perda da demanda de turistas e, consequentemente, não entre em decadência socioeconômica e ambiental. Assim, o ato de planejar o turismo deve estar alicerçado no entendimento de questões que consideram o ser humano, o turismo e o meio ambiente em um mesmo patamar de importância no que se refere à capacidade de ação e transformação.

Com isso, afirmamos que é importante realizar o planejamento e a gestão do turismo de forma integrada e sustentável, ou seja, devemos considerar não apenas as características, as necessidades e as potencialidades locais, mas também a regionalização. Como bem aponta Beni (1999, p. 13), "se forem bem planejados e geridos, o turismo, o desenvolvimento regional e a proteção do ambiente podem evoluir paralelamente".

Lindberg e Hamkiws (1995) apontam que o turismo é hoje uma das maiores atividades econômicas do mundo e também uma forma de pagar pela conservação da natureza e de valorizar as áreas que ainda permanecem naturais. Contudo, como destaca Rodrigues (1997, p. 100), "o desenvolvimento da atividade turística se torna insustentável, quando a natureza vira uma mercadoria, a paisagem é capturada pela atividade turística que propicia a sua rápida mudança".

Nessa mesma linha de raciocínio, Queiroz (2000, p. 20) acrescenta que o turismo é uma atividade ambivalente, pois, por um lado, tem o potencial de gerar riquezas, valorizar espaços e promover novas relações entre os povos e as culturas, mas, por outro, pode se tornar um predador cultural, degradador ecológico e explorador econômico. O turismo, portanto, é uma atividade de faces antagônicas, apresentando vantagens e desvantagens socioambientais.

Segundo Barros (2000, p. 88), no turismo:

> *a natureza é vendida e é o que se constrói como produto artificial com essa valiosa matéria-prima. É óbvio, se pretendemos que o nosso setor continue crescendo, não devemos acabar com esta matéria-prima ou não vamos ter essa perspectiva de geração de riqueza e de emprego – que é o turismo teoricamente representado por nós.*

Fundamentados nessas considerações, podemos concluir que o turismo serve como um instrumento de análise e sustentação para os aspectos naturais e sociais, bem como para as demais bases que o fazem existir. Nos próximos capítulos, discorreremos sobre as questões ligadas ao turismo, ao desenvolvimento econômico, à inclusão social e à proteção ambiental.

capítulo 2

Políticas públicas e desenvolvimento da atividade turística

Durante um longo período, a maioria dos modelos de crescimento econômico se fundamentou na disponibilidade essencialmente quantitativa de fatores de produção (recursos naturais, mão de obra, capital, tecnologia) ou nos efeitos da aglomeração da produção e de sua proximidade com o mercado. Como descreve Cavaco (2001, p. 94),

> à margem ficavam questões como a qualidade da mão de obra, a capacidade dos empresários, as estruturas organizativas, as condições institucionais, políticas, sociais, culturais, psicológicas e ambientais. E também os efeitos negativos do próprio crescimento: externalização e socialização de custos (ambientais, de formação e, mais ainda, os grandes investimentos para criação de infraestruturas, equipamentos e serviços adequados), uso intensivo de recursos naturais com risco de insustentabilidade do próprio crescimento, além de poluição e degradação da qualidade de vida; subutilização do trabalho e taxas elevadas de desemprego, crescimento dessas taxas, bolsas de pobreza, exclusão social, problemas de circulação e de insegurança, marginalidade e violência.

Atualmente têm surgido alguns modelos de crescimento e desenvolvimento econômicos com intuito de dar maior importância às questões sociais e ambientais, imprescindíveis ao sucesso da economia no contexto geral, e não apenas aos aspectos de crescimento quantitativo. Dessa forma, podemos observar múltiplas situações de crise econômica, mas também novas oportunidades, geradas por sistemas de apoio oficiais e privados.

Segundo Cavaco (2001, p. 96), essas condições do turismo ganharam força como objetivos da ação a criação de novas unidades de produção e de novas atividades, explorando oportunidades reais e promovendo o crescimento econômico e o emprego, bem como a modernização ou a regeneração de atividades, infraestrutura e equipamentos, bem como a proteção do ambiente natural e humanizado. Contudo, nessa busca, muitos municípios implantaram essa atividade econômica de forma acelerada e, muitas vezes, desordenada, deixando de lado etapas preliminares e essenciais de um planejamento e gestão ambiental e urbana para a organização do espaço.

Dessa forma, no desenvolvimento de determinada atividade econômica, nem sempre são consideradas questões como meio ambiente e inclusão social. Contudo, são essenciais para o direcionamento sustentável e aplicável das políticas públicas e diretrizes de uma área, garantindo o progresso e a continuidade da atividade.

O reconhecimento e a consideração dos aspectos sociais, físicos e ambientais de dada área são indispensáveis para o uso e a ocupação do solo envolvendo qualquer tipo de atividade econômica. No turismo, os aspectos socioeconômicos e físico-ambientais englobam o reconhecimento das necessidades das comunidades locais e visitantes, subsidiando o planejamento e a gestão para a manutenção e a proteção de todos os elementos e agentes dedicados à questão turística no município.

Assim, cabe ao poder público se responsabilizar por uma área dentro do município, considerando-a um recurso esgotável, porém indispensável na manutenção e na sobrevivência das áreas e das pessoas que utilizam seu espaço, seja como morador, seja como visitante.

Portanto, o planejamento e a gestão do espaço municipal passam a ser um instrumento não somente para auxiliar a administração e o manejo da área, mas também para organizá-la de forma adequada às necessidades das populações local e visitante.

De acordo com Moraes e Guimarães (2001, p. 37),

> as diretrizes políticas voltadas ao setor turístico do município devem propiciar não somente um desenvolvimento sustentável da comunidade em questão, mas também definir responsabilidades civil e jurídica respectivas à proteção ambiental, num efetivo exercício de cidadania concernente à tutela do seu patrimônio natural e cultural.

O município, como unidade pública de terceira instância e cujas ações e responsabilidades, em sua maioria, estão ligadas direta ou indiretamente às ordens públicas superiores, como o Estado e a Federação, passou a ter grande parte dessas ações sob sua total administração. A União, por vezes, apenas repassa as verbas financeiras e estabelece as funções que a política pública municipal têm de cumprir.

Assim, o Poder Público deve, apesar dos impasses e das restrições burocráticas encontradas na implantação e no desenvolvimento da atividade, considerar o turismo como uma oportunidade benéfica, tanto por seu aspecto econômico e social como, principalmente, por ser uma atividade aliada à proteção da natureza local.

Todavia, como os municípios devem respeitar as leis federais e estaduais, acabam, segundo Philippi Junior et al. (1999, p. 13), "tendo limitadas as condições de poder refletir sobre os problemas ambientais de sua responsabilidade e, quando instados a enfrentá-los, se veem em situação de fragilidade, com pouca capacidade de articulação política que possibilite o encaminhamento de reivindicações e de ações comuns junto às diversas instâncias do Poder Público".

A limitação sobre o espectro de legislação do município é determinada no art. 23 da Constituição Federal (Brasil, 1988), o qual atribui responsabilidade maior à União e ao Estado. Contudo, na prática, o município acaba assumindo algumas ações relegadas pelas instâncias federal e municipal. Dessa forma, ocorre uma série de equívocos nos papéis que cada ordem do Poder Público deve exercer no tocante à gestão e à administração do meio ambiente no município.

Nesse contexto, é importante ressaltar que, pela nova ordem constitucional, o município pode "legislar sobre o meio ambiente e instituir secretarias, órgãos do município, no sentido de incorporar a variável ambiental nos planos e programas de governo, particularmente na política de desenvolvimento urbano" (Milaré, 1999, p. 39). Enfim, é fundamental esclarecer que, independentemente da atribuição legal de responsabilidades, o município deve buscar a conscientização voltada para práticas educativas e conservacionistas, levando "não só a um maior conhecimento e desenvolvimento, mas principalmente, respeito do meio ambiente" (Moraes, 2002, p. 21).

Como esclarece Yázigi (1998, p. 64), "o município tende a ser um dos principais protagonistas na construção da paisagem, onde cada município pode ter sua lei de uso e ocupação do solo". Assim, há uma contribuição para a utilização e a conservação adequadas de cada recurso existente em sua área e, no caso da atividade turística, o município pode e deve garantir a divulgação e a proteção dos recursos paisagísticos e dos atrativos turísticos.

É importante adequar, pois o meio construído ao meio ambiente natural, sendo este um princípio prévio à implantação, ao planejamento e à gestão de uma atividade, incluindo esse tema nas tomadas de decisões que envolvem a transformação e a utilização da natureza no espaço de um município ou empreendimento.

Conforme Mazollenis (1998, p. 34), "a ação local não deve ser exclusivamente pontual, devendo considerar não somente a área do município, mas os municípios vizinhos e toda a região", principalmente no contexto turístico, que muitas vezes ultrapassa os limites territoriais em suas mais diversas áreas de visitação. Todavia, grande parte dos municípios não conta com políticas públicas adequadas e que respeitem as características físico-ambientais da localidade, bem como a capacidade de utilização desses meios.

Spirn (1995, p. 26) alerta que o custo pela desatenção à natureza se estende também à qualidade de vida; em outras palavras, a potencialidade do ambiente natural de contribuir para uma forma urbana diferenciada, memorável e simbólica é desconsiderada e desperdiçada. Esse autor ainda afirma que essa desconsideração é, sempre foi e sempre será, tão custosa quanto perigosa e que muitas cidades sofrem com o erro de não levar em conta a natureza.

A intensa urbanização e o descaso com o meio ambiente em muitas cidades levam à degradação de seus recursos ambientais, colocando em risco a qualidade de vida da população local, a qualidade ambiental e, principalmente, as potencialidades da área e as condições de infraestrutura básicas que todo município deve ter.

Philippi Junior et al. (1999, p. 123) citam alguns problemas ambientais que podem ser encontrados nos municípios e que são decorrentes principalmente de administrações mal direcionadas: consciência ecológica e ambiental; estrutura administrativa e recursos humanos; fatores legais e conflitos institucionais; participação comunitária; processo de gestão; saneamento básico e ambiental; equipamentos urbanos; entorno e recursos naturais; e o planejamento urbano e ambiental.

Considerando tais fragilidades, cabe ao município, além de aproveitar a oportunidade da implantação da atividade turística na área como fator de progresso, preocupar-se com a continuidade e o sucesso dessa atividade por meio de um planejamento adequado com ênfase nas características socioeconômicas, histórico-culturais e físico-ambientais da área (Moraes, 2002).

Segundo Ab'Saber (1977, p. 36),

> *o ponto de equilíbrio na transição da economia será encontrado na planificação racional que compatibilize os objetivos de crescimento da economia com a proteção e desenvolvimento dos recursos paisagísticos em proveito de metas a um só tempo econômicas e ecológicas.*

Entretanto, além de considerar a importância das questões da comunidade, da economia e do meio ambiente, há a necessidade de definir algumas políticas que serão (se bem articuladas e bem aplicadas) as principais agentes responsáveis pelas tomadas de decisões em âmbito municipal. Nesse sentido, Beni (1999, p. 10) explica que política "é um curso de ação calculado para alcançar objetivos específicos", que são "as direções gerais para o planejamento e a gestão do Turismo, e baseiam-se em necessidades identificadas dentro de restrições de mercado e de recursos". O autor complementa que a "política global de sustentabilidade, em que a conservação do meio ambiente está intimamente relacionada com a eficiência econômica e a justiça social, ganhou ampla aceitação" (Beni, 1999, p. 12).

Dessa forma, o desenvolvimento sustentável busca compatibilizar o crescimento socioeconômico com a garantia da boa qualidade do patrimônio ambiental que, em toda e qualquer hipótese, é patrimônio da coletividade. "Usufruir sem degradar é proporcionar o desenvolvimento do município sem sacrificar suas características essenciais, de modo que os seus cidadãos e os das localidades vizinhas possam encontrar aqui [naquele município] bens e serviços ambientalmente saudáveis" (Milaré, 1999, p. 34).

Todavia, os processos de planejamento e gestão somente se completarão se houver a participação da comunidade em diversos momentos de seu processo.

> Mapas sobre temas, indicadores ou zoneamentos são somente aparatos técnicos, que auxiliam muito na compreensão dos fenômenos no ambiente, permitindo nortear alternativas e sugerir ordenamentos, mas não podem ser consideradas, em si, ferramentas na tomada de decisão. Desconsiderar as forças opostas às propostas do planejamento técnico, os conflitos de interesses ou os valores e representações da sociedade, é um erro sem retorno. (Santos, 2004, p. 158)

Lombardo (1995, p. 42) enuncia que, quaisquer que sejam as metodologias utilizadas na gestão do ambiente urbano, "deve-se compreender as desigualdades da paisagem e suas relações com os referenciais econômicos, políticos e culturais". Torna-se, portanto, necessário planejar e replanejar constantemente as ações que beneficiem o indivíduo e o ambiente no contexto municipal. Assim, o planejamento urbano e o ambiental devem sempre acompanhar as mutações ambientais e sociais.

Participar do planejamento de áreas que envolvam o ambiente, como apresenta Santos (2004, p. 158):

> significa tomar parte, integrar-se pela razão ou pelo sentimento, fazer saber, fazer comunicar, reconhecer diferentes interesses, expectativas e valores, identificar analogias, debater, negociar, evidenciar pontos comuns, definir interesses, promover alianças, ajustes e tomadas decisões de consenso sobre aquilo que é do uso ou do direito de todos.

Segundo Milaré (1999, p. 35),

> O planejamento e o gerenciamento do meio ambiente são, assim, condividos entre Poder Público e Sociedade, partilhados entre os vários setores da mesma comunidade já que o meio ambiente, como fonte de recursos para o desenvolvimento da humanidade, é por suposto uma das expressões máximas do "bem comum".

Dessa forma, a implantação e a manutenção de uma atividade econômica voltada para o desenvolvimento sustentável é "resultado da ação conjunta de todos os agentes interessados no desenvolvimento municipal: o setor público, o setor privado e toda comunidade local" (Vargas, 1998, p. 18). O poder público, em âmbito federal, estadual ou municipal, mediante normas, diretrizes e legislações, deve assumir responsabilidades perante os aspectos de ordem social, econômica, cultural e ambiental, ou seja, a qual lhe couber respectiva competência política.

Entretanto, com a transferência de responsabilidades e com a sobrecarga, em alguns casos, de funções na esfera municipal, muitos administradores públicos se veem obrigados a gerenciar e resolver primeiramente os aspectos que representam maior importância ou necessidade no patamar político-social, tendo muitas vezes que deixar de lado os demais aspectos.

O município pode sim contribuir para o desenvolvimento local, mas não pode ser o único responsável por esse processo. Nesse sentido, Felicíssimo (citado por Mazollenis, 1998, p. 23) propõe resistir à idealização da instância municipal como resolução de todos os problemas. Se isso ocorrer, insiste esse autor, a tendência à transferência de encargos de outros níveis de Poder Público ao Município pode ser reforçada.

Milaré (1999, p. 35) considera que "nenhum nível das esferas do poder público é exclusivo e autosuficiente" e, com isso, defende que os níveis federal, estadual e municipal devem ser complementares e trabalhar em um único sistema integrado na gestão participativa. Da mesma forma, o município e o empreendimento turístico devem procurar integrar as atividades econômicas existentes, a fim de propor uma articulação e um maior aproveitamento das potencialidades de determinada área. Portanto, a implementação de um projeto turístico deve ser um processo que envolva a sociedade, os órgãos e as instituições com o propósito de adquirir maior apoio e conscientização para a localidade.

A Constituição Federal (Brasil, 1988) prevê dois tipos de competência para legislar, com referência a cada um dos membros da Federação: a União tem competência privativa e concorrente; os estados e o Distrito Federal têm competência concorrente e suplementar; e os municípios têm competência para legislar sobre assuntos de interesse local e para suplementar a legislação federal e estadual. A Constituição Federal e a Lei Orgânica de um município devem conter todos os princípios básicos referentes aos assuntos de interesse geral para a política municipal. Assim, cabe ao município a criação de conselhos e de políticas, a fim de facilitar e ordenar a administração no que respeita a questões ambientais, sociais, econômicas, entre outras de interesse local e regional.

O município deve zelar pelo planejamento e pelas políticas relacionadas ao turismo, ao meio ambiente e à sociedade com o intuito de assegurar uma qualidade de serviços para a população local e visitante, ou seja, qualidade ambiental e qualidade de vida.

Nas questões que se referem ao desenvolvimento, à implantação e à gestão de uma atividade econômica, como o turismo, considerar o meio ambiente e a inclusão social na discussão de políticas é essencial para o planejamento e a gestão, bem como para a conservação e o monitoramento dos recursos e para a manutenção e sucesso de determinada atividade econômica. Assim, em qualquer fase de gestão ou administração, devemos considerar e analisar as políticas e as legislações existentes, notadamente aquelas que são pertinentes a cada tipo de projeto e a cada especificidade regional.

capítulo 3

Proteção e conservação do patrimônio ambiental e turístico

Iniciaremos este capítulo com uma revisão da questão do meio ambiente sob a perspectiva do âmbito do direito do indivíduo. De acordo com o art. 225 da Constituição Federal (Brasil, 1988), "todos têm direito ao meio ambiente ecologicamente equilibrado, bem de uso comum do povo e essencial à sadia qualidade de vida, impondo-se ao Poder Público e à coletividade o dever de defendê-lo e preservá-lo para as presentes e futuras gerações".

Sem perder de vista o que está expresso na Carta Magna, manteremos o foco em alguns itens, como a proteção e a conservação do meio ambiente, visto como um recurso de exploração ou como um patrimônio, e a busca pela sustentabilidade. Faremos agora com uma breve apresentação da evolução das questões ambientais, com o propósito de investigar como esta é vista ou tratada pela sociedade.

As preocupações com o meio ambiente não são tão recentes, mas começaram a ser discutidas mais intensamente a partir do século XX. Como registra Barbieri (1996), a situação ecológica no mundo em que vivemos complica-se quase que diariamente, em razão das necessidades cada vez maiores de produção de alimentos e da má distribuição da produção mundial. De uma maneira ou de outra, todos nós já estamos sentindo os efeitos do aumento do desequilíbrio ecológico. Barbieri (1996, p. 14) complementa afirmando que os problemas ambientais "são um perigo real que aumenta a cada dia. Qualquer dano ambiental que ocorre num ponto acaba por afetar todo o Planeta".

Como consequência do avanço tecnológico no século XX, o ser humano ampliou sua capacidade de produzir alterações na natureza e, por volta da década de 1970, os efeitos do aumento da exploração dos recursos naturais já podiam ser observados – com isso, a preocupação com a utilização adequada do meio ambiente começou também a se intensificar.

Em 1962, a obra *Primavera silenciosa*, da jornalista estadunidense Rachel Carson, despertou o interesse para o perigo da degradação ambiental e alertou sobre suas implicações na qualidade de vida. Em seguida, no ano de 1972, foi realizada a Conferência de Estocolmo (Conferência das Nações Unidas para o Meio Ambiente Humano), que discutiu os problemas da pobreza e o crescimento populacional, com a elaboração de metas ambientais e sociais. Como resultado, surgiu o Programa das Nações Unidas para o Meio Ambiente (Pnuma), com o objetivo de catalisar as atividades de proteção ambiental dentro do sistema da Organização das Nações Unidas (ONU). Depois da Conferência de Estocolmo, passou-se a celebrar o dia 5 de junho como o Dia Mundial do Meio Ambiente (Franco, 2001).

Conforme Franco (2001), em 1983, o Pnuma criou a Comissão Mundial sobre Meio Ambiente e Desenvolvimento (CMMAD), com os objetivos de reexaminar os problemas críticos do ambiente e do desenvolvimento do planeta e de formular propostas realistas para solucioná-los. A "CMMAD fez pesquisas e trabalhou junto ao público durante três anos, executou estudos técnicos específicos, consultou líderes em política, negócios, educação, ciência e desenvolvimento" (Franco, 2001, p. 159). Em 1987, a CMMAD finalizou sua pesquisa e apresentou um relatório intitulado *Nosso Futuro Comum*, que registrou sucessos e falhas do desenvolvimento mundial.

Como descreve Franco (2001, p. 160):

> *a CMMAD contribuiu com as bases filosóficas e científicas para as discussões que se seguiriam e que objetivavam o desenvolvimento sustentado – o que culminou na Conferência do Rio, em 1992. Essas bases anteviam uma nova era de crescimento econômico sustentável que combateria a pobreza e melhoraria as condições de vida em todo o mundo – ao menos é isso que se propunha.*

Em 1992, ocorreu a Rio-92, também conhecida como *Cúpula da Terra*. Desse encontro, resultou a Agenda 21 (Declaração do Rio), firmada por mais de 170 países. Esse documento prescreve 27 princípios inter-relacionados "em que se estabelecem, pela primeira vez, as bases para alcançar o Desenvolvimento Sustentado em escala global, fixando direitos e obrigações individuais e coletivas, no âmbito do Meio Ambiente e do Desenvolvimento" (Franco, 2001, p. 161).

Como cita Franco (2001, p. 162), no século XXI, "muitas das prospecções da Agenda 21 se mostram irreais diante da crise econômica global, principalmente nas questões da pobreza, do emprego, da saúde e da habitação, para não citar outras". No entanto, mesmo diante da imprecisão de seus prognósticos, o documento continua sendo um importante marco referencial para as ações mundiais na direção da configuração do novo paradigma ecológico.

Ainda sobre essa temática, Philippi Junior et al. (1999, p. 140) afirmam que:

> Fundamentando a Agenda 21 está a convicção de que a humanidade chegou a um momento de definição em sua história. Podemos continuar com nossas políticas atuais que servem para aprofundar as divisões econômicas que existem dentro dos países e entre os países; que aumentam a pobreza, a fome, as doenças e o analfabetismo em todo o mundo; e que estão causando a contínua deterioração dos ecossistemas de que dependemos para a vida na Terra.
>
> Ou podemos mudar de rumo. Podemos melhorar os padrões de vida daqueles que sofrem necessidades. Podemos administrar e proteger melhor os ecossistemas e tornar realidade um futuro mais próspero para todos nós.

Continuando nossa abordagem sobre como e em que intensidade a preocupação com a questão ambiental vem sendo apresentada, Gryzinski (2005, p. 84) descreve o alerta de alguns cientistas que "clamam insistentemente pela atenção da humanidade para o perigo real e cada vez mais imediato para paroxismo de autodestruição, levando conosco as formas mais complexas de vida".

Essa parece ser uma visão um tanto pessimista e assustadora, mas se trata de mais um alerta sobre: a real degradação que o meio ambiente vem sofrendo; a inter-relação entre as necessidades e as expectativas de desenvolvimento econômico e social; a urgência de respeitar os limites da natureza, bem como os recursos naturais protegidos; e, mais ainda, a preservação do homem.

Com base nesse breve histórico sobre a evolução da questão ambiental, podemos agora refletir mais especificamente sobre o que são exatamente recursos ambientais e a forma como vêm sendo tratados.

Primeiramente, deve estar claro que o recurso ambiental pode ser considerado como um bem de exploração e, também, de proteção. Para versarmos sobre a necessidade de proteção dos recursos ambientais, sejam estes paisagísticos ou atrativos turísticos, devemos, antes de mais nada, entendê-los conceitualmente, abrangendo os diversos fatores que neles se inter-relacionam.

Para Burle Marx (1977, p. 40), recursos paisagísticos "são aquelas paisagens que, devido a características específicas, de ordem estética, científica ou histórica, constituem bens culturais de uma comunidade". Na esteira desse pensamento, Barreto (1998, p. 52) explica que "os recursos paisagísticos são aquela matéria-prima com a qual podemos planejar atividades turísticas, e que tornam-se [sic] atrativos turísticos. Estes podem ser divididos em naturais e culturais".

Ainda de acordo com Barreto (1998), podemos dividir os recursos naturais em:

- **geomorfológicos:** litoral, lagoas, relevo;
- **biogeográficos:** animais, vegetais;
- **mistos:** geomorfológicos e biogeográficos.

A respeito de suas especificidades, Barreto (1998) indica que esses recursos:

- são permanentes, mas requerem conservação e preservação para não se esgotarem;
- muitas vezes estão em lugar de difícil acesso e sua exploração é, portanto, difícil e dispendiosa, o que representa risco de descaracterizar a região em virtude da infraestrutura necessária ao estabelecimento do núcleo;
- para serem identificados, requerem conhecimentos de geologia, botânica, biologia, física, entre outros campos da ciência, e muita visão para estimar o sucesso do empreendimento.

Quanto ao uso, os recursos paisagísticos turísticos e culturais podem ser, segundo Barreto (1998), divididos em:

- **históricos:** jazidas arqueológicas, patrimônio tombado, artefatos;
- **contemporâneos não comerciais:** obras de artes, museus, instalação de ensino, de cultura;
- **contemporâneos comerciais:** parque de diversões, balneários, clínica de montanha, autódromos.

Barreto (1998) complementa a definição desses recursos, indicando suas características básicas:

- são criados pelo ser humano, mas com outra finalidade que não a turística;
- necessitam de conservação e preservação;
- se modificados, perdem seu valor;
- são de difícil identificação, visto que a determinação sobre o que é histórico ou não acontece mediante critérios que nem sempre obedecem à mesma lógica;
- uma vez identificado o recurso, o Poder Público deve se preocupar com sua preservação.

Para complementar essa definição, mencionamos o que está expresso na Constituição Federal (Brasil, 1988):

> Art. 216. *Constituem patrimônio cultural brasileiro os bens de natureza material e imaterial, tomados individualmente ou em conjunto, portadores*

de referência à identidade, à ação, à memória dos diferentes grupos formadores da sociedade brasileira, nos quais se incluem:
I – as formas de expressão;
II – os modos de criar, fazer e viver;
III – as criações científicas, artísticas e tecnológicas;
IV – as obras, objetos, documentos, edificações e demais espaços destinados às manifestações artístico/ culturais;
V – os conjuntos urbanos e sítios de valor histórico, paisagístico, artístico, arqueológico, paleontológico, ecológico e científico.

Com base nos conceitos que apresentamos sobre o que constitui um recurso paisagístico, como atrativo turístico e patrimônio, podemos abordar sua valorização e a importância de sua percepção, elementos essenciais para a proteção e a conservação do meio ambiente e da própria sociedade.

Os recursos paisagísticos estão presentes no meio ambiente, independentemente de sua valorização ambiental ou cultural, e são perceptíveis pelas mais variadas formas, dependendo do ponto de vista da cultura e da experiência do observador.

A percepção dos atributos ambientais que reforçam o sentido de lugar para as pessoas ainda necessita ser mais trabalhada em análises específicas, pois é parte integrante da experiência relacionada ao conhecimento do meio ambiente, das formas de explorá-lo através de diferentes modos: sensações, evocações, informações, uso. Assim, ampliam-se os níveis, os vínculos de conhecimento e de afetividade que desenvolvemos em relações à paisagem vivida – o sentido de lugar. (Tuan, 1983)

Portanto, a experiência, a percepção e a interpretação individual ou coletiva definem o grau de reconhecimento e importância de determinado recurso paisagístico em uma localidade. Isso implica o valor ambiental, cultural, econômico, social ou turístico que será atribuído a um recurso natural ou construído. Como afirma Simmons (1982, p. 69), "a resposta do observador é de vital importância, de modo que a personalidade própria de cada um determina as experiências com a natureza".

A percepção da paisagem envolve também aspectos referentes à qualidade do meio ambiente, o que pode estar ligado direta ou indiretamente a valores estéticos, históricos, culturais, econômicos, entre outros. Segundo Naveh e Lieberman (1984), as paisagens não se caracterizam apenas pela sua composição e traçado, é preciso ter a consciência de que a qualidade ambiental de vida são fatores vitais à sobrevivência das comunidades.

Por conseguinte, o reconhecimento de dado recurso paisagístico depende das experiências individuais ou coletivas e da importância que a sociedade (população local e população visitante) lhe atribui. No turismo, a valorização dada pelo mercado e pelo próprio turista deve ser observada, atentamente, pelos planejadores envolvidos com o tema.

A população local passa, consequentemente, a proteger um recurso quando percebe nele uma oportunidade para a atratividade turística. No entanto, há também casos em que o recurso passa a ser valorizado quando a população local ou o Poder Público percebem o local como patrimônio histórico ou cultural.

Com o aparecimento dos movimentos ambientalistas e com a aplicação de legislações mais rígidas na defesa ao meio ambiente, alargou-se a conscientização da população em geral, e intensificaram-se a preocupação com os problemas ambientais e as grandes repercussões disso no turismo. Assim, é necessário ressaltar não só a importância do reconhecimento e da valorização dos recursos paisagísticos naturais ou culturais, mas também da conscientização sobre a necessidade de ações conservacionistas para cada recurso. Como bem afirma Donaire (2000, p. 81), a proteção dos patrimônios paisagísticos deve envolver conjuntamente "o patrimônio natural, composto pelo meio físico e biológico, e o patrimônio cultural, representado pelos monumentos, festas religiosas, tradições, folclore, dentre outros".

Após termos arrolado algumas proposições que buscam definir o que é um patrimônio paisagístico, turístico ou não, podemos ressaltar a importância de sua proteção. "A preservação de determinada paisagem, espécie, habitat raro ou simbólico, vai depender dos fatores culturais de determinada região" (Simmons, 1982, p. 76). Com relação à proteção dos recursos naturais ou construídos, o art. 24 da Constituição Federal (Brasil, 1988) determina que:

> Art. 24. Compete à União, aos Estados e ao Distrito Federal legislar concorrentemente sobre:
> [...]
> VI – florestas, caça, pesca, fauna, conservação da natureza, defesa do solo e dos recursos naturais, proteção do meio ambiente e controle da poluição;
> VII – proteção ao patrimônio histórico, cultural, artístico, turístico e paisagístico;
> VIII – responsabilidade por dano ao meio ambiente, ao consumidor, a bens e direitos de valor artístico, histórico, turístico e paisagístico;
> [...]

Sustentados nessas considerações, podemos inferir que o turismo pode ser uma atividade importante para a conservação da natureza. Como ressalta Moraes (2002, p. 27), "os atrativos turísticos aparecem como recurso de exploração e atratividade; como um produto de consumo, mas que também pode ser utilizado como um instrumento de conhecimento, educação e conservação da sociedade frente ao meio ambiente". Com isso, é essencial entendermos que "destruir o patrimônio é liquidar com a principal fonte de turismo" (Yázigi, 1998, p. 58).

Segundo Lima (1998, p. 60) "a conservação dos recursos deve buscar orientações da ciência e da tecnologia em programas de gestão e manejo sustentável voltados para a qualidade ambiental e para a qualidade de vida da sociedade". Podemos, então, partir do princípio de que o conhecimento sobre a natureza é primordial à conservação dos recursos, pois, como descreve Lima (1998, p. 59),

> A proteção de paisagens, considerados os interesses e valores, deve estar em consonância com programas de uso sustentável, promovendo ações preservacionistas, com variações segundo dimensões, contextos e riscos, incluindo os recursos construídos de entorno. Tais medidas protecionistas seriam de caráter preventivo, mitigador e corretivo de acordo com a situação e suas exigências técnicas e legais respectivas à gestão e manejo, minimizando determinados efeitos e atividades responsáveis pela deterioração paisagística imediata ou não, direta ou indireta.

No turismo, a valorização e a proteção do recurso estão atrelados à sustentabilidade, fator fundamental na manutenção da qualidade dos polos receptores de visitantes. A proteção e a conservação dos recursos paisagísticos e dos atrativos turísticos devem considerar, além da dinâmica da natureza, os diversos aspectos que envolvem a atividade – histórico-cultural, físico-ambiental, social, econômico e político –, bem como as potencialidades e as necessidades das populações local e visitante.

Dessa forma, devemos perceber que a importância da proteção e/ou conservação de um recurso natural ou construído utilizado ou não para o turismo está relacionada à manutenção e ao desenvolvimento da atratividade. Isso porque somente assim haverá um direcionamento para além do sucesso econômico dessa atividade, buscando também a melhoria da qualidade de vida daquela sociedade.

Para complementar essa discussão, focaremos na sustentabilidade e comentaremos sua relevância no âmbito do turismo e do meio ambiente. O conceito de *desenvolvimento sustentável* ou *sustentabilidade* vem sendo discutido há algum tempo, difundindo-se principalmente no final do século XX.

A necessidade de rever os modelos de desenvolvimento adotados até os nossos dias, levando-se em consideração a manutenção das gerações presentes e futuras, fez emergir a busca pela sustentabilidade a fim de se equilibrar o progresso e a qualidade de vida do homem com a sobrevivência da natureza.

O uso intensivo dos recursos naturais e/ou construídos causou não somente um esgotamento dos elementos físico-naturais, mas também a ameaça e a extinção de diversos tipos de economia e cultura, levando à alteração da sociedade, da história e da geografia de muitos lugares. Segundo Sachs (2002, p. 85), o planejamento do desenvolvimento voltado para a sustentabilidade deve atender, entre outros, os seguintes critérios:

a. **Social:** *abrange o alcance de um patamar razoável de homogeneidade social; distribuição de renda justa; o emprego pleno e/ou autônomo com qualidade de vida decente; e a igualdade no acesso aos recursos e serviços sociais.*

b. **Cultural:** *mudanças no interior da comunidade (equilíbrio entre respeito à tradição e inovação); a capacidade de autonomia para elaboração de um projeto nacional integrado e endógeno [...] e autoconfiança combinada com abertura para o mundo*.*

c. **Ecológica:** *inclui a preservação do potencial do capital natureza na sua produção de recursos renováveis e limites ao uso de recursos não renováveis;*

d. **Ambiental:** *respeito e realce à capacidade de autodepuração dos ecossistemas naturais.*

e. **Territorial:** *balanceamento das configurações urbanas e rurais (eliminação das inclinações urbanas nas alocações do investimento público);*

f. **Econômica:** *desenvolvimento econômico intersetorial equilibrado, com segurança alimentar, capacidade de modernização contínua dos instrumentos de produção, razoável nível de autonomia na pesquisa científica e tecnológica e inserção soberana na economia internacional.*

g. **Política (nacional):** *democracia definida em termos de apropriação universal dos direitos humanos, desenvolvimento da capacidade do Estado para implementar o projeto nacional, em parceria com todos os empreendedores e um nível razoável de coesão social.*

h. **Política (internacional):** *baseada na eficácia do sistema de prevenção de guerras da ONU, na garantia da paz e na promoção da cooperação internacional, Pacote Norte-Sul de codesenvolvimento, baseado no princípio da igualdade (regras do jogo e compartilhamento da responsabilidade de favorecimento do parceiro mais fraco), controle institucional efetivo do sistema internacional financeiro e de negócios, controle*

---

* Acrescentamos que esse aspecto implica ainda a necessidade de buscar soluções de âmbito local, utilizando-se das potencialidades das culturas e do modo de vida da cidade, assim como da participação da população residente nos processos decisórios e nas formulações de programas e do desenvolvimento turístico.

institucional efetivo da aplicação do Princípio da Precaução na gestão do meio ambiente e dos recursos naturais, prevenção das mudanças globais negativas, proteção da diversidade biológica (e cultural), gestão do patrimônio global, como herança comum da humanidade, sistema efetivo de cooperação científica e tecnológica internacional e eliminação parcial do caráter commodity da ciência e tecnologia, também como propriedade da herança comum da humanidade.

Ainda sobre essa temática, Barbieri (1996, p. 29) menciona que "o objetivo da sustentabilidade é aumentar as opções das pessoas, respeitando não só as gerações atuais como também as gerações futuras". E Queiroz (2000) descreve que o desenvolvimento sustentável é aquele que prevê:

- a utilização dos recursos e dos serviços ambientais de acordo com sua capacidade de renovação;
- a distribuição das atividades territoriais de acordo com seu potencial; e
- a prática de atividades pouco poluentes.

Diversas definições dos termos *desenvolvimento sustentável* e/ou *ecodesenvolvimento* estão relacionadas com a ideia de promover uma sociedade mais justa e de incentivar formas de utilização e conservação do ambiente para que tenhamos qualidade não só no tempo presente, mas também no futuro.

Todavia, como bem avalia Queiroz (2000), para discutirmos a sustentabilidade em seus aspectos sociais e ambientais, precisamos também entender e problematizar a integração da base biofísica e do desenvolvimento socioeconômico. Nesse sentido, deve estar claro que a sustentabilidade ecológica e espacial fundamenta-se: na escolha por melhores técnicas na utilização dos recursos; na organização e na distribuição espacial urbana e rural mais adequadas; e na implantação de atividades econômicas mais equilibradas (Endres, 1998).

Como Moraes (2002, p. 29) descreve,

a sustentabilidade deve ser vista não apenas como um instrumento na mitigação de danos, mas sim, e principalmente, da prevenção de impactos e prejuízos negativos ao meio ambiente, sendo ainda, um processo que considere as expectativas e necessidades do Homem interligadas a capacidade de sustentação do meio físico e biológico.

Assim, a sustentabilidade deve ser trabalhada em todos os níveis, ou seja, considerando-se todos os aspectos de uma área e o seu entorno. Nesse sentido, Ruschmann (2000a, p. 72) afirma que "o conceito de desenvolvimento sustentável e do turismo sustentável estão intimamente ligadas à sustentabilidade do meio ambiente". No turismo, a questão da sustentabilidade vem sendo apontada como fator principal na manutenção da qualidade das destinações, na tentativa de garantir a continuidade e a qualidade satisfatória dos principais elementos que envolvem a atividade, ou seja, a sociedade e a natureza, proporcionando mais qualidade para o meio ambiente e para a vida das gerações presentes e futuras.

Como afirma Moraes (2004), a busca pela sustentabilidade no turismo deve ser uma responsabilidade, em especial, da sociedade e do Poder Público local. Segundo Swarbrooke (2000, p. 20), o turismo sustentável é "economicamente viável e não destrói os recursos, dos quais o turismo no futuro dependerá, principalmente o meio físico e o tecido social da comunidade local".

O turismo sustentável pode ser um objeto importante na proteção do meio ambiente e, consequentemente, na atratividade dos recursos turísticos. Geralmente, a implantação dessa modalidade é considerada como um projeto de baixa lucratividade, pensando-se somente no médio e longo prazos. Contudo, ainda que essa atividade possa ter, a princípio, um lucro menor, ao se tornar contínua, também serão contínuos e duradouros os recursos naturais e a atratividade do turismo. Sintetizando essa visão, Queiroz (2000, p. 3) afirma que o objetivo do turismo sustentável é "a gestão do ambiente, recursos e comunidades dos núcleos receptores, atendendo às suas necessidades, mantendo sua integridade cultural e preservando o meio ambiente".

A conscientização conservacionista da comunidade local e visitante é o ponto inicial para os diversos benefícios oferecidos pelo turismo sustentável. Entre os vários benefícios que o turismo sustentável pode proporcionar, a Organização Mundial do Turismo (1994a, p. 31) cita:

+ o incentivo à consciência em relação aos impactos sobre o meio ambiente natural, cultural e histórico;
+ o estímulo a melhorias na infraestrutura local;
+ a supervisão, a avaliação e a administração do impacto sobre o ambiente e o desenvolvimento de métodos confiáveis para definir a responsabilidade e combater os efeitos negativos;
+ a criação de empregos, no setor turístico e nas diversas áreas de apoio e de gestão dos recursos;
+ o estímulo à criação de empresas domésticas lucrativas;

Segundo Endres (1998), o desenvolvimento sustentável, a eficiência econômica, a equidade social e a prudência ecológica são bases essenciais para o progresso do turismo. Ampliando essa análise, Moraes e Mauad (2001) avaliam que a gestão ambiental conservacionista certamente direcionará a atividade turística à inserção de planos e projetos voltados à sustentabilidade, à responsabilidade ambiental e à aplicação de leis, políticas e diretrizes que levem ao desenvolvimento do turismo e respeitem as características econômicas, sociais, históricas, culturais e ambientais da região, bem como a perspectiva e as necessidades da população local e visitante, viabilizando, assim, a continuação dos diversos fatores correlacionados a essa atividade.

Concluímos, então, que a atividade turística deve garantir a continuidade e a qualidade satisfatória dos elementos turísticos, ou seja, a sociedade e a natureza, proporcionando mais qualidade para o meio ambiente e para a vida das gerações presentes e futuras. Qualquer tipo de atividade econômica somente atinge a sustentabilidade quando suas ações e planos estão voltados aos princípios de conservação e prevenção, bem como de mitigação e correção dos efeitos negativos que podem surgir.

O desenvolvimento sustentável visa aproveitar os recursos existentes na natureza sem deteriorá-los, promovendo a inclusão social, melhorando a qualidade de vida da comunidade receptora e proporcionando uma experiência interessante ao visitante. Para isso, o desenvolvimento sustentável para o turismo exige medidas políticas vigorosas em âmbitos social, econômico e ambiental (Barroco, 2004, p. 12). É claro que a sustentabilidade só ocorrerá efetivamente por meio do planejamento e da gestão adequada, que devem estar atrelados à conscientização ambiental, promovendo a utilização coerente de todos os elementos que compõem o meio ambiente, inclusive o próprio ser humano.

capítulo 4

Instrumentos de planejamento e gestão ambiental aplicados ao turismo

Para que possamos apresentar a importância da inter-relação entre planejamento, gestão e educação ambiental, em especial, na questão turística, é necessário discorrermos sobre o papel do planejamento e da educação ambiental no contexto geral da gestão, áreas de devem ser complementares, com a finalidade conjunta de conscientizar e educar sobre o conhecimento, o desenvolvimento e a proteção da natureza.

O planejamento e a educação são imprescindíveis para a gestão sustentável do meio ambiente e das atividades nele desenvolvidas, como o turismo.

Petrocchi (1998, p. 19) sugere que planejar é:

+ *predeterminar um curso de ação para o futuro;*
+ *conjunto de decisões interdependentes;*
+ *processo contínuo que visa produzir um estado futuro desejado e que somente acontecerá se determinadas ações forem executadas;*
+ *uma atitude anterior à tomada de decisão.*

Segundo Hall e Jenkins (1995), o planejamento é uma parte de um panorama mais abrangente que envolve decisão e ação. Alguns elementos que fazem parte desse processo são: acordos e negociação, compromisso, interesses, valores, escolhas e política. Nesse sentido, é importante ressaltar que o planejamento deve ser contínuo e que, muitas vezes, pode ser necessário o replanejamento de algumas fases do processo.

Segundo Franco (2001, p. 35) "a palavra planejamento carrega em seu valor semântico o sentido de empreendimento, projeto, sonho e intenção. Como empreendimento, já revela o ato de intervir ou transformar uma dada situação, numa determinada direção, a fim de que se concretizem algumas intenções". Portanto, podemos sustentar que o sentido geral do planejamento é tomar todas as medidas necessárias para atingir determinado estado ou objetivo. Nesse caso, a intenção deve ser fundamentada em um estado futuro em busca da sustentabilidade.

Petak (1980) explica que o planejamento pode ser tecnológico, quando há uma abordagem voltada à solução de problemas e ao cumprimento de tarefas, com uma visão segmentária, tática e determinística, com variáveis quantitativas e conhecidas. Também pode ser ecológico, com uma abordagem preditiva, de orientação sistêmica, priorizando os fins, com variáveis qualitativas e subjetivas.

Para Slocombe (1993), o planejamento pode ser tradicional, ou seja, urbano ou regional, com enfoque nas comunidades e sua população, no uso da terra, na economia e na infraestrutura, realizado por meio de um processo estruturado em metas, planos e regulamentos. Pode ser também ambiental, com enfoque no ambiente biofísico, no qual vivem as pessoas e as comunidades, analisando os efeitos de atividades de desenvolvimento e de outros planejamentos.

Franco (2001, p. 35) também menciona o planejamento ambiental e o descreve como aquele que "parte do princípio da valoração e conservação das bases naturais de um dado território como base de autossustentação da vida e das interações que a mantém, ou seja, das relações ecossistêmicas". Segundo o autor, o planejamento ambiental pressupõe três princípios de ação humana sobre os ecossistemas: preservação, recuperação e conservação do meio ambiente.

Santos (2004, p. 28) ressalta que "o planejamento ambiental consiste na adequação de ações à potencialidade, vocação local e sua capacidade de suporte, buscando o desenvolvimento harmônico da região e a manutenção da qualidade do ambiente físico, biológico e social". Nesse sentido, o processo de planejamento deve abranger a escala local e a escala regional, ou seja, deve considerar todos os níveis territoriais para que haja equilíbrio em todo o sistema abrangido.

> Os planejamentos ambientais são organizados dentro de uma estrutura que envolve pesquisa, análise e síntese. A pesquisa tem o objetivo de reunir e organizar dados para facilitar sua interpretação. Os dados organizados são avaliados para atingir a compreensão do meio estudado, em seus acertos e conflitos, constituindo a fase de análise. A síntese refere-se à aplicação dos conhecimentos alcançados para a tomada de decisões. Para cumprir essas três etapas, de forma geral, o planejamento apresenta-se como um processo, ou seja, é elaborado em fases que evoluem sucessivamente: o resultado de uma é a base ou os princípios para o desenvolvimento da fase seguinte. (Santos, 2004, p. 32)

Complementando o que já foi exposto, lembramos que todo planejamento deve visar uma abordagem sistêmica que envolva "elementos ou unidades, relações, atributos, entrada (*input*) e saída (*output*), atuando dentro de um ambiente e fazendo parte de um conjunto maior" (Christofoletti, 1979, p. 2).

Voltando-se ao planejamento turístico, Ruschmann (2000b, p. 9) explica que este consiste em "ordenar as ações do homem sobre o território e ocupa-se em direcionar a construção de equipamentos e facilidades de forma adequada evitando, dessa forma, os efeitos negativos nos recursos, que os destroem ou reduzem sua atratividade". Com isso, para atingir a eficácia no processo de planejamento, desde sua construção até a implantação de determinado projeto, faz-se necessário contemplar a educação ambiental, visto que esta é uma base indispensável para a efetivação de um projeto direcionado à sustentabilidade.

Como já declaramos, a preocupação com as questões ambientais teve um aumento significativo a partir do século XX, em decorrência do surgimento de novas tecnologias e, consequentemente, à intensificação da exploração dos recursos naturais. Assim, a escassez de matérias-primas naturais ficou mais evidente, pois o esgotamento dos recursos interferiu no desenvolvimento e na qualidade de vida. Nesse contexto, a educação e a conscientização ambiental emergiram como instrumentos imprescindíveis para a proteção do meio ambiente.

Por meio de eventos internacionais como as conferências de Estocolmo (1972) e Tbilisi (1977), a educação ambiental ganhou mais abrangência como um instrumento essencial e diretamente ligado à conservação da natureza. Assim, "a literatura tem enfatizado a importância da redefinição da EA [educação ambiental], conduzindo diversos profissionais, de diferentes áreas, a interagirem, com discussões desse tema em uma perspectiva interdisciplinar" (Sato, 2002, p. 23).

Segundo Dias (1994, p. 26), na Conferência de Tbilisi, a educação ambiental foi definida como uma dimensão dada ao conteúdo e à prática da educação, orientada para a resolução dos problemas concretos do meio ambiente por meio de enfoques interdisciplinares, e de uma participação ativa e responsável de cada indivíduo e da coletividade.

A Política Nacional de Educação Ambiental, Lei n. 9.795, de 27 de abril de 1999 (Brasil, 1999), define que

> Art. 1º Entendem-se por educação ambiental os processos por meio dos quais o indivíduo e a coletividade constroem valores sociais, conhecimentos, habilidades, atitudes e competências voltadas para a conservação do meio ambiente, bem do uso comum do povo, essencial à sadia qualidade de vida e sua sustentabilidade.

O Conselho Nacional do Meio Ambiente (Conama), citado por Dias (1994, p. 27), define a educação ambiental como "um processo de formação e informação, orientado para o desenvolvimento da consciência crítica sobre as questões ambientais, e de atividades que levem à participação das comunidades na preservação do equilíbrio ambiental". Reigota (2006, p. 10) explica que a educação ambiental tem sido considerada ainda como um "processo político, no sentido de que ela reivindica e prepara os cidadãos para exigir justiça social, cidadania nacional e planetária, autogestão e ética nas relações sociais e com a natureza".

Enfim, a educação ambiental é estudada e definida por diferentes estudiosos que destacam, em suas explicações, seus pontos de vista individuais e/ou profissionais, mas todas essas abordagens enfatizam o caráter interdisciplinar, envolvendo diversas áreas técnico-científicas ligadas a questões sociais, culturais e do meio ambiente.

Ressaltamos também que a educação e a conscientização ambiental podem ser desenvolvidas por meio de atividades voltadas a programas formais e não formais, sendo os primeiros relacionados aos estudantes, educadores e até mesmo órgãos e instituições, e os segundos, mais diretamente, à educação da sociedade local e da população visitante.

Ruschmann (2000b, p. 76) descreve que "a educação para o turismo de proteção ambiental não se relaciona única e necessariamente aos programas e equipamentos ecológicos, mas sim a todos os tipos de turismo e aos diversos empreendimentos e órgãos públicos envolvidos".

Associada a essa noção de educação ambiental, está a ideia de *gestão ambiental*, sobre a qual Moraes e Mauad (2001, p. 145) enunciam:

> *a gestão ambiental baseada em uma consciência voltada para a sustentabilidade certamente direcionará a atividade turística a inserção de um plano turístico sustentável, a uma maior responsabilidade ambiental e a aplicação de leis, políticas e sistemas, levando ao desenvolvimento do meio ambiente, ligados aos aspectos econômicos, sociais, históricos e culturais de uma área, viabilizando a conservação, e a interação de uma futura continuação dos diversos aspectos correlacionados ao turismo.*

A gestão ambiental algumas vezes é entendida como planejamento, gerenciamento ou como a soma de ambos. "A proposta é que gestão ambiental seja interpretada como a integração entre o planejamento, o gerenciamento e a política ambiental" (Santos, 2004, p. 27).

Phillipi Junior et al. (1999) explicam que, no que se refere à estrutura executiva, o sistema de gestão ambiental pode auxiliar a administração geral do município. Para isso, esta deve estar apto a satisfazer quatro conjuntos de demandas:

1. o planejamento ambiental;
2. o desenvolvimento de áreas verdes (promoção, proteção, conservação e recuperação de áreas verdes);
3. o controle de qualidade;
4. a educação ambiental.

Segundo Franco (1999, p. 22), "o planejamento que leva em conta o meio ambiente deverá detectar os pontos de vulnerabilidade e as áreas de riscos ambientais para o assentamento da população, e dos de empreendimentos" ou mesmo a realização das atividades propícias para determinadas áreas.

O planejamento, a gestão e, essencialmente, a organização do espaço de seus recursos são fatores necessários para a prevenção e a mitigação de danos, para a conservação da natureza e para a busca de uma melhor qualidade de vida. A atividade turística envolve diversos aspectos que necessitam de elaboração, planejamento e gestão de modo que possam contribuir para a economia, a sociedade e a própria natureza, trazendo benefícios para a população local, os administradores e os visitantes. Portanto, o espaço turístico deve ser administrado para que não perca sua demanda de visitantes e, consequentemente, entre em decadência socioeconômica e ambiental.

É importante, como descreve Ruschmann (2000b, p. 24), "estimular o desenvolvimento harmonioso e coordenado do turismo, pois, se não houver equilíbrio com o meio ambiente, a atividade turística comprometerá sua própria sobrevivência". O planejamento e a gestão ambiental do turismo em um município e/ou empreendimento devem objetivar a sustentabilidade, a fim de minimizar danos já existentes e auxiliar as etapas de implantação e gestão do turismo com uma consciência conservacionista.

O planejamento, a educação e a gestão do turismo devem, portanto, ser fundamentados nos princípios de sustentabilidade ambiental, política, social, cultural e econômica, considerando todos os aspectos envolvidos. Assim, emprega-se uma visão sistêmica que envolve a atividade e as transformações ambientais positivas e/ou negativas relacionadas aos aspectos antrópicos, biológicos e físicos, bem como a ecodinâmica do meio ambiente, de modo a satisfazer as necessidades das presentes e futuras gerações.

Como apresenta especificidades e diversos elementos, o espaço turístico deve ser analisado aplicando-se essa visão sistêmica. Essa perspectiva, ao ser considerada um instrumento que auxilia na compreensão de um universo multivariado, constitui-se como uma eficiente possibilidade metodológica para o desenvolvimento de uma discussão que se propõe a relacionar a atividade turística e o meio natural, uma vez que esse debate envolve conjuntos bastante dinâmicos de objetos. Com isso, torna-se necessário buscar uma sistematização para a questão do turismo por meio da abordagem sistêmica, visando obter uma melhor compreensão do espaço turístico, suas interações e modificações.

Como fazem parte de um meio, de um sistema, as pessoas devem ser percebidas também como um elemento da natureza. De tal modo, é justamente no meio ambiente que ocorrem as relações do indivíduo e dos demais elementos no espaço. Fundamentando-se nesse pressuposto, George (1973, p. 7) afirma que "o meio ambiente é, portanto, a um só tempo, um meio e um sistema de relações".

Nesse contexto, Tricart (1977, p. 19) defende que:

O conceito de sistema é, atualmente, o melhor instrumento lógico de que dispomos para estudar os problemas do meio ambiente. Ele permite adotar uma atitude dialética entre a necessidade da análise – que resulta do próprio progresso da ciência e das técnicas de investigação – e a necessidade, contrária, de uma visão de conjunto, capaz de ensejar uma atuação eficaz sobre o meio ambiente. Ainda mais, o conceito de sistema é, por natureza, de caráter dinâmico e por isso adequado a fornecer os conhecimentos básicos para uma atuação. [...]

A sociedade humana e a natureza constituem um só ecossistema, e "todas as atividades humanas devem ser avaliadas e dirigidas à luz de seus efeitos sobre os outros componentes do ecossistema" (Darling; Dasmann, 1971). O espaço tem o ser humano e a natureza como elementos essenciais de construção e transformação. Por isso, segundo Santos (1996, p. 90), devemos entender o "espaço como um conjunto indissociável de sistemas de objetos e de sistemas de ações, onde, tanto objetos como ações não têm vida própria se não forem tomados em conjunto".

Cabe lembrar ainda que "o sistema não atua de modo isolado, mas funciona dentro de um ambiente e faz parte de um conjunto maior" (Christofoletti, 1979, p. 3). Para que o espaço seja entendido, é necessário um estudo do conjunto de todos os seus aspectos.

A aplicação da teoria sistêmica aos estudos do espaço possibilita uma visão integrada e ampliada dos elementos e de suas relações humanas e naturais. Nesse sentido, Christofoletti (1979, p. 12) ressalta que "todos os sistemas naturais são dinâmicos e capazes de modificar os seus estados através de transformações contínuas, caracterizadas pelas transferências de massa e energia".

Assim, ao relacionar o espaço turístico e o crescimento contínuo da atividade, percebemos a necessidade de estudá-lo em seus mais variados mecanismos e estruturas. O turismo envolve diversos setores e, por isso, deve ser avaliado e planejado levando-se em consideração as relações que nele se estabelecem. No que se refere à abordagem sistêmica no turismo, Beni (2001) acrescenta que os sistemas devem conter, além dos elementos **relações, atributos, entrada** e **saída**, outros itens como:

- **meio ambiente:** conjunto de todos os objetos que não fazem parte do sistema em questão, mas que influenciam sua operacionalização;
- **realimentação (feedback):** processo de controle para manter o sistema em equilíbrio;
- **modelo:** representação do sistema, abstração para auxiliar em sua análise.

Devemos então, considerar que, ao analisar um sistema turístico, necessariamente, adotamos o princípio da abordagem sistêmica num contexto em que o ser humano e todos os demais elementos da natureza interagem. Portanto, toda análise sobre a participação do turismo na produção do espaço, ou seja, sobre a criação de territórios turísticos, deve considerar "o conjunto de relações em que se desenvolve a atividade, bem como suas dimensões global e local" (Cruz, 2001, p. 12). A interação dos elementos do sistema turístico permite, na visão sistêmica, uma análise dinâmica e coerente da realidade do ser humano e da natureza, pautada na ideia de constante transformação, fundamentada nos princípios de conservação.

4.1 Inventário

O inventário integra a fase que antecede o planejamento de qualquer tipo de empreendimento ou atividade futura. É elaborado no momento em que se procura obter dados e relatos e fazer um levantamento minucioso das características presentes em determinada localidade.

Como afirma Chacel (1977, p. 49), "o inventário é o ponto de partida do planejamento paisagístico, seja ele de significado conservacionista, de valorização ou de caráter exploratório em relação ao meio natural". No inventário, podemos obter a caracterização de diversos aspectos de uma área, seja de um município, seja de um empreendimento, com a identificação das reais condições em que se encontra a oferta turística, proporcionando o direcionamento correto do planejamento e da gestão do turismo sustentável.

Cabe lembrar que os dados levantados num inventário podem auxiliar posteriormente não apenas nas questões turísticas de uma localidade, mas também em diversos outros aspectos que se inter-relacionam, direta ou indiretamente, ao turismo.

Para inventariarmos os componentes de uma unidade paisagística, em micro ou macroescala territorial, temos que desenvolver vários tópicos de estudos, abarcando desde a descrição das variáveis físicas, socioeconômicas, culturais, até a análise e avaliação da qualidade ambiental das paisagens, em suas dimensões objetivas e subjetivas. (Lima, 1998, p. 58)

O inventário não abrange só os aspectos do meio ambiente natural, mas todos os demais elementos que envolvem a atividade turística como a economia e a sociedade. De acordo com Chacel (1977, p. 50), "o inventário é de grande utilidade e perfeitamente adaptado às necessidades do planejamento, tendo como objetivo a valorização ou conservação da área".

O inventário paisagístico de determinada área é, portanto, indispensável nas estratégias de conservação e manejo de seus recursos, constituindo-se em um instrumento necessário para a análise e a avaliação dos impactos ambientais (Moraes; Guimarães, 2001). Como descreve Lima (1998), no inventário, a variedade visual é um dos fatores mais significativos na avaliação da qualidade paisagística embora só passe a ser um ponto essencial quando é unida à qualidade que proporciona. Ruschmann (2000b, p. 145) entende que o valor real do potencial turístico de uma localidade não se mede somente pelo número de seus atrativos, mas também pela sua qualidade. Cada uma das fases é constituída por estudos detalhados dos diversos e complexos componentes da oferta, que, após análise e avaliação sistemática, subsidiarão as demais etapas do plano de desenvolvimento turístico.

Diante deste fato, torna-se necessária a caracterização do meio ambiente, para que os recursos paisagísticos naturais e construídos existentes em uma área sejam direcionados ao planejamento e gestão ambiental no contexto turístico, a fim de auxiliar no zoneamento e planejamento, na análise de impacto ambiental, na estratégia para implementação de medidas mitigadoras e no monitoramento dos aspectos pertinentes à constituição de um projeto de turismo municipal que satisfaça as necessidades das presentes e futuras gerações, proporcionando uma melhor qualidade de vida (Moraes et al., 2001, p. 125).

O inventário torna-se, portanto, um instrumento essencial para o manejo e a gestão de uma área, demonstrando a situação atual e real, auxiliando nas etapas necessárias para a proteção da natureza em geral. "O desenvolvimento de práticas relacionadas à gestão e ao manejo integrado dos recursos paisagísticos visando à sustentabilidade dos ecossistemas encontra nos inventários um subsídio fundamental para o conhecimento dos processos interativos atuantes e às formas de conservá-los diante dos impactos ambientais ocorrentes" (Lima, 1998, p. 58).

Esse instrumento de planejamento fornece informações sobre os aspectos socioeconômicos, histórico-culturais, político-administrativos e físico-ambientais, bem como sobre a infraestrutura básica e turística da área, além da caracterização da demanda. Por fim, o inventário pode, ainda, fornecer informações essenciais para o diagnóstico e a análise, para a Avaliação Prévia dos Impactos Ambientais e para o zoneamento, direcionando o planejamento e a gestão às necessidades e às características reais de cada localidade.

4.2 Avaliação Prévia de Impacto Ambiental

Nesta seção, apresentaremos, sinteticamente, os conceitos referentes aos estudos de impactos ambientais em todas as suas diversas fases e denominações: o Estudo de Impacto Ambiental e Relatório de Impacto do Meio Ambiente (EIA-Rima); a Avaliação de Impacto Ambiental (AIA); a Avaliação Ambiental Estratégica (AAE) e o Relatório Ambiental Preliminar (RAP).

A síntese dos conceitos e da importância desses estudos subsidiam a construção da Avaliação Prévia de Impacto Ambiental (Apia) na metodologia do planejamento Municipal do Turismo (Plamtur). Na Resolução Conama n. 001, de 23 de janeiro de 1986 (Brasil, 1986) está expresso:

> Art. 1º – Para efeito desta Resolução, considera-se impacto ambiental qualquer alteração das propriedades físicas, químicas e biológicas do meio ambiente, causada por qualquer forma de matéria ou energia resultante das atividades humanas que, direta ou indiretamente, afetam:
> I. a saúde, a segurança e o bem-estar da população;
> II. as atividades sociais e econômicas;
> III. a biota;
> IV. as condições estéticas e sanitárias do meio ambiente;
> V. a qualidade dos recursos ambientais.

Santos (2004, p. 110) compreende "o impacto ambiental como toda alteração perceptível no meio que comprometa o equilíbrio dos sistemas naturais ou antropizados, podendo decorrer tanto das ações humanas como dos fenômenos naturais". Com base nisso, no caso da Apia, podemos considerar que impacto ambiental é a alteração positiva ou negativa no meio, seja decorrente da atividade humana ou da própria ecodinâmica da natureza, em que os efeitos são reconhecidos pelo método de observação direta do pesquisador.

Segundo Milaré e Benjamin (1993, p. 16), o EIA-Rima é "um estudo das prováveis modificações nas diversas características socioeconômicas e biofísicas do meio ambiente que podem resultar de um projeto proposto", criado para prever e prevenir o dano. Assim, esse estudo deve ser elaborado no momento certo: antes do início da execução ou mesmo dos atos preparatórios do projeto.

Já a AIA é, segundo Fernandes e Andreoli (1996), ao mesmo tempo, um instrumento e um processo de caráter técnico-científico e tem como objetivo identificar, prever e interpretar as consequências sobre o meio ambiente de uma ação humana. Para Brito (1996), a AIA de projetos ocupa-se de aspectos específicos relacionados às ações do projeto como os teores de emissões. A avaliação ambiental estratégica está voltada aos aspectos e aos problemas ambientais típicos do setor, de uma política ou de uma região, como um todo.

Com relação à AAE, de acordo com Brito (1996, p. 75), esta "deve conter a descrição minuciosa das políticas que orientam o setor, isto é, dos objetivos, das estratégias e dos instrumentos de implementação dos planos e dos programas setoriais". Ainda segundo o autor, o foco principal de uma AAE é realizar uma análise abrangente das opções de estratégias e alternativas de ações, no referente a custos e benefícios ambientais, por meio de indicadores e de critérios de avaliação e comparação apropriados, de forma a subsidiar a tomada de decisão quanto às prioridades de investimentos no setor.

Outro instrumento utilizado para tratar da questão do impacto ambiental é o RAP, que deve anteceder a aplicação de um projeto, com a verificação das possíveis alterações futuras.

Podemos encontrar várias definições para as metodologias citadas, porém daremos ênfase a uma delas, a Apia, terminologia criada para a abordagem Plamtur, que se trata de uma análise prévia para a aplicação de medidas preventivas e ações mitigadoras emergenciais, principalmente para a manutenção das áreas.

Trata-se, portanto, de um método de observação direta que estuda os impactos positivos e negativos ocorridos no meio ambiente, além de todos os aspectos socioeconômicos, histórico-culturais e físico-ambientais desse meio. É um relato mais generalizado das condições de determinada área e dos principais riscos e benefícios que podem surgir com a implantação de uma atividade ou empreendimento – mais especificamente, do turismo –, a fim de auxiliar na prevenção dos impactos e na mitigação de danos já existentes no local.

A Apia tem a função de subsidiar futuros estudos mais detalhados de cada aspecto com ações mais pontuais. Nessa etapa, é realizado um reconhecimento superficial, com a observação das alterações positivas e negativas existentes em determinada área, decorrentes ou não da atividade turística, mas que no geral são pontos que devem receber maior atenção. Na relação entre homem e natureza decorrente de diversas atividades antrópicas e da própria dinâmica do meio ambiente, podemos notar que muitas das alterações causam efeitos negativos ao meio ambiente.

Contudo, devemos considerar que essa relação pode também gerar impactos positivos, principalmente no que se refere à atividade turística. Ruschmann (2000b, p. 34) menciona que os "impactos do turismo referem-se à gama de modificações ou à sequência de eventos provocados pelo processo de desenvolvimento turístico nas localidades receptoras". Nesse contexto, devemos reforçar, esses impactos podem decorrer tanto de ações antrópicas como de ações naturais. Por isso, pode ser difícil medir os impactos positivos e/ou negativos de forma precisa e sistemática, sendo que muitas das alterações, principalmente as naturais, nem sempre são exatamente previsíveis e calculadas a ponto de podermos evitá-las. Da mesma forma, os impactos ocasionados pelas ações antrópicas refletem exclusivamente o comportamento e as características individuais de cada grupo ou cada visitante.

Segundo Ruschmann (2000b), no Brasil, alguns estudos (não sistemáticos) sobre a avaliação dos impactos do turismo utilizam métodos de outras áreas do saber e não apresentam uma metodologia específica sobre o assunto. Os exemplos mais frequentes disso relacionam-se aos métodos de medição da capacidade de suporte de um ecossistema, os quais podem auxiliar os estudos, pontualmente e conjuntamente.

Com base no que determina a Organização Mundial do Turismo (OMT, 1994b), listamos alguns dos impactos positivos e negativos que podem ocorrer em determinada área, principalmente no que se refere aos planos econômico, social, cultural e ambiental. Observe o Quadro 4.1.

Quadro 4.1 ~ Impactos positivos e negativos do turismo

Tipos de impactos	Impactos do turismo	
	Positivos	Negativos
Econômicos	• Criação de empregos. • Diversificação da economia. • Ganhos em moeda estrangeira. • Aumento da renda tributária. • Desenvolvimento da infraestrutura.	• Transformação nas ocupações profissionais. • Impacto sobre a estrutura e distribuição da população. • Desvio dos benefícios econômicos. • Distorções econômicas causadas pela inflação ou desvio de investimentos.
Sociais e culturais	• Conservação do patrimônio. • Renovação da identidade cultural. • Intercâmbio cultural.	• Comercialização excessiva e perda de autenticidade das manifestações culturais. • Perda da identidade cultural decorrente da influência no estilo de vida tradicional. • Modificação dos padrões de consumo motivada pelo efeito demonstração. • Relacionamento precário entre hotel e hóspede causado por mal-entendidos relacionados a idioma, costumes, valores e padrões de comportamento diferentes. • Superpopulação e perda das comodidades dos habitantes. • Aumento dos problemas sociais como uso de drogas ilícitas, crime e prostituição.

(continua)

(Quadro 4.1 – conclusão)

Impactos do turismo		
Tipos de impactos	Positivos	Negativos
Ambientais	• Conservação de áreas naturais. • Conservação de lugares históricos e arqueológicos e do patrimônio arquitetônico local. • Melhora da qualidade ambiental. • Aumento da consciência sobre o meio ambiente.	• Poluição da água, do ar, sonora, visual e do solo. • Problemas de saneamento básico. • Degradação ecológica. • Riscos ecológicos. • Danos aos lugares históricos e arquitetônicos. • Problemas sobre o uso do solo.

Fonte: Moraes, 2006.

No Quadro 4.1 não estão listados todos os impactos positivos ou negativos do turismo, porém a lista dá uma ideia das interferências benéficas e maléficas que a atividade turística pode provocar, as quais podem estar relacionadas às alterações ocasionadas por outras atividades.

Por fim, é necessário destacar que a Apia permite identificar as alterações positivas e/ou negativas no ambiente, ou seja, perceber os danos já existentes e as áreas suscetíveis, descrevendo as possíveis causas dos efeitos dessas interferências sobre o meio socioeconômico, histórico-cultural e físico-ambiental. Assim, a Apia é uma etapa específica da metodologia Plamtur e deve ser utilizada como técnica que antecede e acompanha as alterações ocorridas em uma área, antes, durante ou depois da aplicação de um projeto, dada a necessidade de não somente prever, mas de monitorar as alterações e a ecodinâmica do meio ambiente e das atividades antrópicas.

4.3 Diagnóstico e análise preliminar

Depois da realização do inventário e da Apia de uma área, as etapas seguintes da metodologia envolvem o diagnóstico e a análise dos dados obtidos, instrumentos fundamentais para o planejamento e a gestão, principalmente no que se refere à questão da natureza e da sociedade. Assim, nessa etapa, são detectados e analisados todos os prós e contras de uma atividade, subsidiando um detalhamento de todos os aspectos envolvidos, bem como das demais etapas.

O diagnóstico e a análise devem ser direcionados aos objetivos de um plano de mitigação, prevenção e conservação da natureza e dos aspectos interligados. Todavia, para que sejam feitos de acordo com a realidade e as perspectivas locais, os estudos devem ser, segundo Lima (1998), multi e interdisciplinares, de modo a abranger a natureza das variáveis envolvidas. Contudo, muitas vezes, é difícil captar todos os fatores necessários, em virtude das constantes transformações causadas pelas atividades antrópicas e naturais.

Segundo a OMT (1994b, p. 47), o objetivo do diagnóstico voltado para a atividade turística é desenvolver uma compreensão generalizada do processo de análise da situação comunitária, bem como das habilidades e dos conhecimentos básicos sobre a qualificação de recursos, da infraestrutura básica, da política de planejamento e da receptividade. Assim, o processo de análise, ainda segundo a OMT (1994b), consiste na interpretação dos dados coletados com o emprego de um método específico e no exame de todos os fatores e as medidas que serão aplicadas para analisar as condições presentes e futuras da comunidade, seus pontos fortes e fracos, oportunidades e riscos.

Lombardo (1995) destaca que é importantíssimo conhecer e analisar os atributos físicos de uma área, de modo que seja possível vislumbrar também os atributos sociais, econômicos, históricos e culturais atrelados àquela localidade.

O conhecimento mais detalhado de todos os elementos do meio ambiente para atividades de intensa visitação e utilização, como o turismo, muitas vezes apresenta faces divergentes na fase de informação e decisão do plano. Como ressalta Lima (1998), nessas etapas as unidades paisagísticas podem ser comprometidas pela dinâmica e pela manutenção de seus processos e mecanismos de adaptação às alterações antrópicas e naturais que, segundo essa autora, ocorrem de maneira intensa e acelerada.

Então, quando necessário o diagnóstico e a análise devem ser atualizados, com base em um inventário minucioso e em uma avaliação de impactos positivos e/ou negativos da área, para que os dados sejam satisfatórios à aplicação de um plano, com o propósito de auxiliar as demais etapas de planejamento e gestão, direcionando os gestores na busca pela conservação e pela manutenção da biodiversidade, bem como pela qualidade de vida da sociedade.

4.4 Zoneamento ambiental turístico

Nesta seção, comentaremos a importância do zoneamento para que o planejamento e a gestão econômica de determinada área sejam coerentes. O primeiro aspecto que precisamos ter em mente é que o zoneamento ambiental turístico abrange toda a área e as subáreas de um município, urbano ou rural, como também todos os aspectos que compõem o meio ambiente, podendo ser aplicado e adaptado pontualmente a um empreendimento.

Assim, entende-se que cada área dentro de um município ou empreendimento tem particularidades, em suas potencialidades e necessidades, o que pode algumas vezes não coincidir com as outras localidades ou mesmo com as do contexto geral do município.

Com isso, torna-se necessário, após o reconhecimento minucioso feito nas etapas anteriores, já mencionadas nesta obra, como o inventário, a Apia, o diagnóstico e a análise preliminar, realizar o zoneamento ambiental turístico. Esse instrumento é importante porque auxilia no planejamento e na gestão da área como um todo, facilitando posteriormente os estudos mais pontuais de cada empreendimento e subáreas do município ou de seu entorno.

No que toca às definições de zoneamento, podemos afirmar que o termo refere-se a "uma técnica de planejamento utilizada para resolver problemas de conflitos de usos de um determinado espaço" (São Paulo, 1992, p. 24). Segundo Cassol (1996), trata-se de um conceito geográfico que remete ao ato de desagregar um espaço em zonas ou áreas específicas. O autor acrescenta que "o modelo de zoneamento depende dos objetivos e da natureza dos indicadores e interações utilizadas durante a análise." (Cassol, 1998, p. 2). Para Santos (2004, p. 132), "zoneamento é a compartimentação de uma região em porções territoriais, obtida pela avaliação dos atributos mais relevantes e de suas dinâmicas".

Nesse sentido, cada compartimento é apresentado como uma "área homogênea", ou seja, uma zona (ou unidade de zoneamento) delimitada no espaço, com estrutura e funcionamento uniformes. Cada unidade tem, assim, alto grau de associação dentro de si, com variáveis solidamente ligadas, mas com significativa diferença em relação aos outros compartimentos. Isso pressupõe que o zoneamento faz uma análise por agrupamentos passíveis de serem desenhados no eixo horizontal do território e numa escala definida.

No caso do planejamento voltado ao meio ambiente, as áreas do zoneamento costumam representar as vocações, as fragilidades, as suscetibilidades e as potencialidades. Primeiramente, devem ser determinados todos os fatores a serem inclusos no projeto de planejamento e gestão, que deve ser considerado um processo contínuo com constantes revisões de acordo com as características e as necessidades do local.

Assim, segundo Ranieri (2000, p. 15), "uma vez determinados os fatores que serão utilizados no processo de zoneamento, os mesmos devem ser ponderados de acordo com critérios técnicos e, quando couber, com aqueles adotados durante o processo de negociação entre o poder público e a sociedade civil". Cabe lembrar que o processo de zoneamento de uma área deve seguir numa perspectiva de sustentabilidade já no planejamento, no replanejamento e na gestão, sendo adequado ao objetivo proposto.

A Constituição Federal (Brasil, 1988) demonstra, no art. 30, inciso VIII, que compete aos municípios "promover, no que couber, adequado ordenamento territorial, mediante planejamento e controle do uso, do parcelamento e da ocupação do solo urbano". E em seu art. 182, inciso I, a Carta Magna (Brasil, 1988) cita que "o plano diretor, aprovado pela Câmara Municipal, obrigatório para cidades com mais de vinte mil habitantes, é o instrumento básico da política de desenvolvimento e de expansão urbana".

Entretanto, devemos ressaltar que o Poder Público deve direcionar a elaboração do zoneamento municipal, a fim de auxiliar o planejamento e a gestão de toda a área, na busca por atender às necessidades e às perspectivas de todos os elementos existentes. Nesse sentido, Machado (2000, p. 165) afirma que

> se não ficar obrigatório para os municípios a elaboração dos planos de zoneamento e a sua revisão, os interesses ambientais continuarão ao sabor das improvisações e das atitudes precipitadas de muitos administradores, causando inclusive maiores ônus financeiros aos municípios com posteriores indenizações e até desapropriações.

Machado (2000, p. 165) acrescenta que, no zoneamento, "inventariar e diagnosticar qual a vocação ecológica das diferentes áreas ou espaços de uma cidade, quais os seus usos e quais as limitações ao uso desses espaços será o mínimo que um plano diretor deverá conter" e explica que nos planos de desenvolvimento deve haver a previsão da conservação e da recuperação dos recursos naturais.

Dada a importância da elaboração do zoneamento para os municípios e os empreendimentos, ressaltamos a consequente necessidade da criação de um banco de dados que devem ser manipulados com flexibilidade e agilidade para que supram as possíveis atualizações. Nesse processo, destaca-se o uso do Sistema de Informação Geográfica (SIG) como um importante instrumento para o armazenamento de dados, proporcionando mais precisão perante as ações naturais e antrópicas no espaço-temporal da área, o que é essencial para o planejamento de uma localidade.

O SIG utilizado na elaboração do zoneamento é um poderoso aliado para atualizar informações nos cadastros gerenciais, simular situações, gerar outros dados e, portanto, cumprir papel de relevo na tomada de decisão nas questões ambientais (Tabaczenski, 1995). Segundo Cassol (1996, p. 12) "o SIG é capaz de expressar o dinamismo dos processos atuantes da natureza, decorrentes das ações naturais e antrópicas e, permite o armazenamento, processamento e atualização periódica dos dados essenciais ao gerenciamento ambiental". Assim, a grande vantagem de um SIG é sua flexibilidade ou versatilidade que conferem rapidez e eficiência na manipulação de dados e análise de várias situações-problemas.

No campo da gestão ambiental, é essencial a existência de materiais cartográficos que possibilitem compreender a configuração espacial dos fatores ambientais, econômicos e sociais, bem como o inter-relacionamento entre eles, a fim de auxiliar o processo de tomada de decisões (Alvarenga, 1997).

Portanto, a criação de um banco de dados pode auxiliar o município e também o empreendimento a solucionar problemas e a elaborar planos e projetos, assim como a atualizar constantemente os dados. Como instrumento de representação gráfica do espaço, o SIG pode contribuir para o planejamento e a gestão adequados de uma área.

Assim, o zoneamento ambiental turístico tem o objetivo principal de auxiliar na identificação e no reconhecimento geral das áreas que merecem maior atenção, ou seja, direcionar estudos mais específicos e completos, subsidiando as ações a serem tomadas nas políticas públicas, nos planos e nos projetos pontuais de um município ou mesmo de um empreendimento.

4.4.1 Proposição de diretrizes como subsídios para o planejamento e a gestão ambiental

Conjuntamente à etapa de zoneamento, está a subetapa da proposição de diretrizes, que se refere a uma série de indicações para o que pode ou deve ser feito no planejamento e na gestão sustentáveis de uma área, de forma que relacionem, em um objetivo comum, as perspectivas e as necessidades de uma localidade com o desenvolvimento econômico e a proteção ambiental.

Essas diretrizes aplicam-se a tomada de decisão para atingir um objetivo proposto. Segundo Santos (2004, p. 152),

> *a tomada de decisão refere-se à escolha que se faz frente ao conjunto de alternativas, dentro de uma conduta dirigida pelas metas, meios usados e fins esperados. Implica escolher as melhores alternativas de ação dentre as disponíveis, ordená-las pela prioridade, tempo de implantação e duração de ação.*

A decisão deve considerar as limitações e as vantagens de cada diretriz proposta e, principalmente, os diversos interesses e opiniões. De acordo com Santos (2004, p. 152),

> *"Para tomar uma decisão, é necessário estar atento aos problemas centrais, às causas reais dos problemas e à importância de atingir cada objetivo proposto. É necessário garantir medidas alternativas concretas, comparáveis entre si e com os objetivos propostos. É preciso, ainda, assegurar que a decisão tomada seja executada e que haja meios de controlar os possíveis efeitos adversos dessa escolha.*

Enfim, devemos considerar, para qualquer medida, os objetivos propostos, as características gerais da área e de seus elementos, suas limitações e potencialidades e, principalmente, as expectativas e as necessidades presentes no plano, visando à sustentabilidade em comum de todos os aspectos envolvidos no planejamento e na gestão.

capítulo 5

Planejamento Ambiental Municipal do Turismo (Plamtur)

A metodologia Planejamento Ambiental Municipal do Turismo (Plamtur) nasce da necessidade de elaboração de técnicas que subsidiem o planejamento e a gestão ambiental em áreas que buscam alcançar um desenvolvimento econômico que promova, ao mesmo tempo, proteção ambiental, responsabilidade e inclusão social. Essa abordagem tem o enfoque principal nas áreas turísticas ou que estão voltando suas atividades para o turismo e pode ser utilizada posteriormente para fins correlatos às funções de planejamento e gestão ambiental, necessitando, porém, de eventuais complementos e adaptações às características, vocações e oportunidades de cada área para que o objetivo proposto seja atingido.

Figura 5.1 ~ Inter-relação entre sociedade, economia, meio ambiente e sustentabilidade

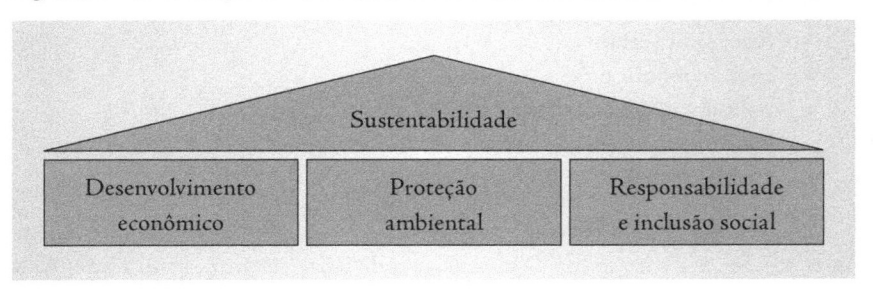

Fonte: Adaptado de Moraes, 2006.

A metodologia Plamtur foi elaborada com a finalidade de subsidiar essencialmente o direcionamento do desenvolvimento econômico atrelado à proteção ambiental e à inclusão social em um município e/ou empreendimento, tendo como espaço de estudo as áreas em que ocorrem ou podem vir a ocorrer a atividade turística. O planejamento com enfoque à gestão sustentável tem a intenção de auxiliar planos, propostas e ações positivas efetivamente ligadas a essa e a outras atividades.

A preocupação do turista contemporâneo com a qualidade dos atrativos turísticos tem incentivado o estudo de técnicas e métodos para a conservação da natureza e do turismo. A metodologia Plamtur é dividida em duas fases complementares e inter-relacionadas que subsidiam a proposição de diretrizes ambientais e turísticas, bem como delineamento para o planejamento e a gestão geral de um empreendimento e/ou município nas questões que se referem ao turismo, ao meio ambiente, à sociedade e aos demais aspectos relacionados.

Assim, nessa metodologia, podemos notar a ordem do planejamento de suas fases e etapas.

5.1 Primeira fase

A primeira fase do Plamtur é composta por três etapas:

1. Inventário.
2. Avaliação Prévia de Impacto Ambiental (Apia).
3. Diagnóstico e análise preliminar.

No inventário, podemos encontrar duas subdivisões: o inventário municipal[*] e o inventário dos recursos paisagísticos e atrativos turísticos[**]. No municipal, temos ainda seis subdivisões, referentes aos tipos de caracterização, que são:

+ histórico-cultural;
+ físico-ambiental;
+ socioeconômica;
+ político-administrativa;
+ da infraestrutura básica e turística;
+ da demanda.

No inventário dos recursos paisagísticos e atrativos turísticos em um empreendimento turístico, há as mesmas subdivisões encontradas no inventário municipal, porém estas são aplicadas em âmbito local.

Na segunda etapa, a Apia[***], ocorre a identificação dos impactos positivos e negativos referentes aos aspectos socioeconômicos, histórico-culturais e físico-ambientais do município em geral e de cada recurso paisagístico e atrativo turístico. Essa identificação é realizada por observação direta do pesquisador, que

---

[*] *Para visualizar um exemplo de questionário para preparação do inventário municipal, consulte o Anexo 1.*
[**] *Para ver um exemplo de questionário para esse inventário, leia o Anexo 2.*
[***] *No Anexo 3, disponibilizamos um modelo de formulário para essa avaliação.*

indica de modo geral os pontos que necessitam de maior atenção na realização de estudos específicos de impacto ambiental.

Na terceira etapa, faz-se o diagnóstico, que se trata de uma síntese dos dados do inventário e da Apia, o que proporciona um levantamento das características do município e de cada recurso paisagístico e atrativo.

Nesse momento são identificados os pontos fracos e fortes. Na terceira etapa, ocorre também a análise preliminar da situação atual, que consiste em uma análise geral dos dados do inventário, da Apia e do diagnóstico.

5.2 Segunda fase

A segunda fase do Plamtur é composta por uma única etapa, em que se reúnem e analisam todos os dados da primeira fase e se finaliza a elaboração da metodologia. Tal fase apresenta duas subdivisões:

1. **Zoneamento ambiental-turístico:** proporciona a aplicação de políticas por meio da identificação dos aspectos físico-ambientais, socioeconômicos, histórico-culturais e turísticos das áreas.
2. **Proposição de diretrizes:** ocorre posteriormente à elaboração do zoneamento e serve de subsídio para o planejamento e a gestão turística e ambiental (município e empreendimentos).

Com a proposição de diretrizes, ocorre a finalização da elaboração e a aplicação da metodologia Plamtur. Todavia, cabe lembrar que esta pode e deve ser sempre atualizada para tornar viável um replanejamento constante, o que é necessário para o direcionamento eficaz dos diversos aspectos envolvidos em uma gestão sustentável.

A aplicação do Plamtur em uma localidade tem como meta o planejamento e a gestão ambiental do turismo. Estes devem ser fundamentados em uma consciência conservacionista que possibilite direcionar a inserção de planos e projetos sustentáveis, com uma maior responsabilidade ambiental, por meio de leis, políticas e diretrizes locais e regionais. Portanto, o planejamento ou o replanejamento deve ser fundamentalmente direcionado a uma gestão sustentável que atenda aos aspectos econômicos, sociais, históricos, culturais e ambientais, bem como a perspectiva e as necessidades da população local e visitante, viabilizando a futura continuação dos diversos fatores correlacionados a essa atividade.

Figura 5.2 ~ Esquema detalhado das etapas da metodologia Plamtur

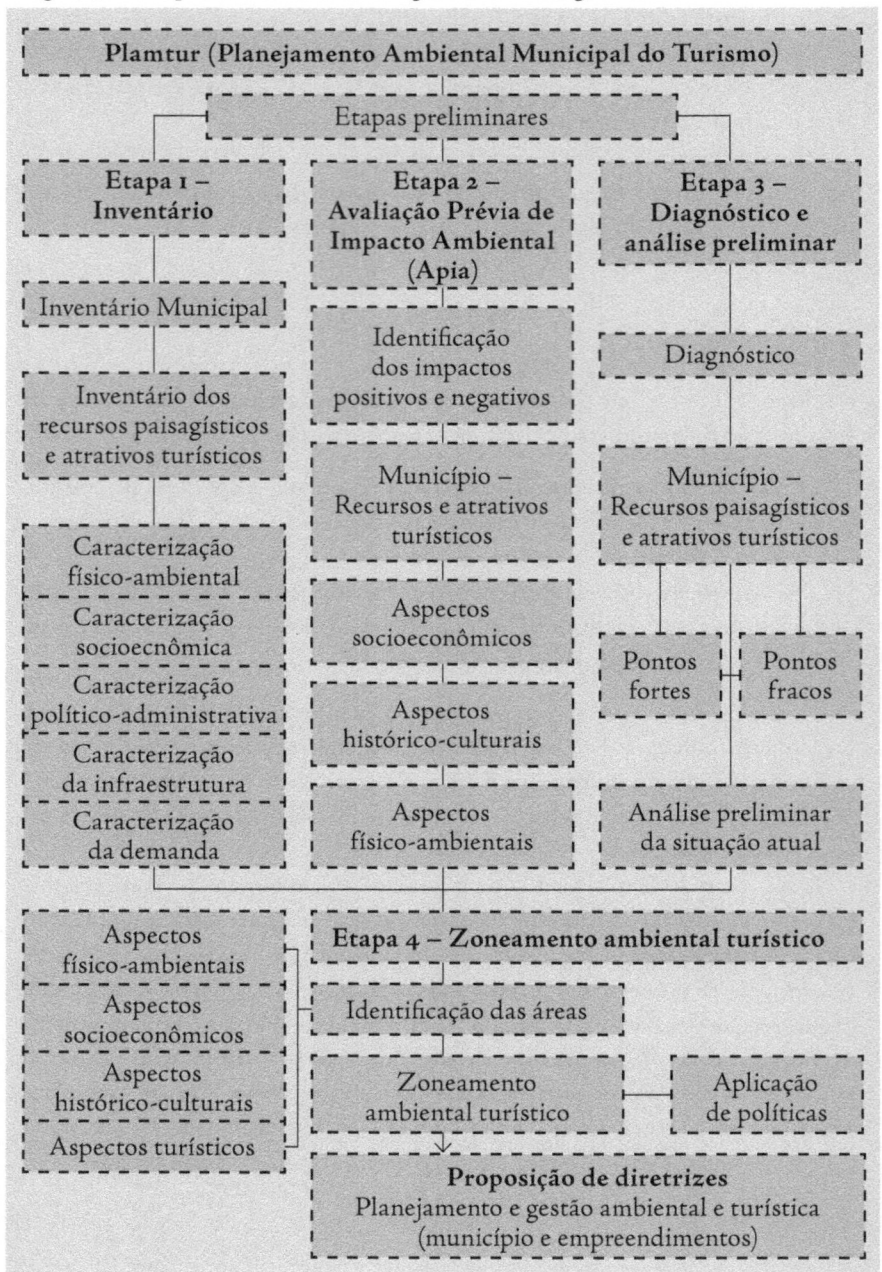

Plamtur (Planejamento Ambiental Municipal do Turismo)

Etapas preliminares

Etapa 1 – Inventário
- Inventário Municipal
- Inventário dos recursos paisagísticos e atrativos turísticos
- Caracterização físico-ambiental
- Caracterização socioecnômica
- Caracterização político-administrativa
- Caracterização da infraestrutura
- Caracterização da demanda

Etapa 2 – Avaliação Prévia de Impacto Ambiental (Apia)
- Identificação dos impactos positivos e negativos
- Município – Recursos e atrativos turísticos
- Aspectos socioeconômicos
- Aspectos histórico-culturais
- Aspectos físico-ambientais

Etapa 3 – Diagnóstico e análise preliminar
- Diagnóstico
- Município – Recursos paisagísticos e atrativos turísticos
- Pontos fortes | Pontos fracos
- Análise preliminar da situação atual

- Aspectos físico-ambientais
- Aspectos socioeconômicos
- Aspectos histórico-culturais
- Aspectos turísticos

Etapa 4 – Zoneamento ambiental turístico
- Identificação das áreas
- Zoneamento ambiental turístico
- Aplicação de políticas

Proposição de diretrizes
Planejamento e gestão ambiental e turística
(município e empreendimentos)

Fonte: Adaptado de Moraes, 2006, p. 67.

Para complementar a metodologia, cabe ressaltar que, ao buscar os princípios da sustentabilidade, a educação e a gestão ambiental, bem como o planejamento, devem estar diretamente alinhados à utilização coerente de todos os elementos que compõem o meio ambiente, inclusive o próprio ser humano.

5.3 Diretrizes para o planejamento e a gestão ambiental

As diretrizes aqui expostas servem para orientar planos e projetos de municípios ou empreendimentos que tenham atividades turísticas desenvolvidas ou potencial para isso. Assim, envolvem características, vocações, fragilidades e até mesmo a intenção do desenvolvimento de planos e ações, relacionando esses conteúdos com questões ambientais, sociais e econômicas da atividade turística.

Quanto à metodologia, podemos considerar as seguintes questões:

- **Etapa 1:** Inventário – O que tem na área?
- **Etapa 2:** Apia – O que é positivo ou negativo na área e o que precisa ser melhorado?
- **Etapa 3:** Diagnóstico e análise – Como estão as condições gerais (pontos fracos/pontos fortes) para o objetivo que se deseja alcançar?
- **Etapa 4:** Zoneamento – Como melhorar o espaço/área?

Depois de cada plano e projeto em específico, a proposição de diretrizes é realizada com o intuído de responder a algumas questões gerais, tais como:

Que sugestões e em que locais/aspectos podemos ou devemos intervir para alcançar o objetivo de aumentar a qualidade e as oportunidades da área, assim como de melhorar a qualidade de vida da população?

As diretrizes são, portanto, resultado do contexto geral, bem como de pontos iniciais de conclusão, reflexão e discussão de um trabalho (ou de um futuro trabalho), planos e projetos, tanto de estudantes, pesquisadores e educadores quanto de profissionais, do Poder Público municipal e da comunidade. Todavia, precisamos lembrar que podem haver algumas limitações para a aplicação das diretrizes no planejamento e na gestão ambiental, como inclusão de opiniões das comunidades e equipes governamentais, perspectivas ou anseios da população, ecodinâmica do meio ambiente e características específicas de cada região.

As diretrizes que elencamos na sequência servem como subsídio para o planejamento e a gestão ambiental em municípios e empreendimentos. Estão voltadas principalmente à questão turística, imprescindível na aplicação de planos, programas e ações sustentáveis.

A aplicação ou a adaptação das diretrizes depende:

+ de cada empreendimento em particular, com ou sem o apoio do Poder Público;
+ das condições de aplicação (como o desenvolvimento e os recursos financeiros) dos projetos e dos planos para a aplicação dessas diretrizes;
+ do governo municipal, com ou sem o apoio dos Poderes Públicos estadual e federal, além de instituições e organizações financiadoras de projetos relacionados a cada tema;
+ dos aspectos locais e também regionais da área em questão.

Dessa forma, com base nas principais dificuldades encontradas para o planejamento do turismo, citamos algumas recomendações para a melhoria dos recursos paisagísticos e atrativos turísticos que podem ser usadas como diretrizes em municípios ou empreendimentos:

+ capacitação profissional na área de turismo e meio ambiente;
+ instalação de placas indicativas e educativas;
+ monitoramento das visitas;
+ melhoria da infraestrutura básica, principalmente nas áreas de maior visitação;
+ implementação e/ou reestruturação da infraestrutura turística, mantendo as características culturais do local e conservando o recurso natural e construído;
+ disponibilização de infraestrutura e/ou equipamentos de segurança quando necessários;
+ direcionamento de setores específicos para as áreas ambiental e de planejamento urbano;
+ criação de projetos que auxiliem o município e o empreendimento nas áreas social, ambiental e turística;
+ busca por incentivos financeiros em órgãos federais e estaduais para o turismo (economia), a proteção do meio ambiente e o desenvolvimento de programas de inclusão social;
+ implementação de projetos na área de *marketing*, em conjunto com programas de gestão estratégica e mercadológica de apoio ao planejamento e à gestão dos empreendimentos e do município em geral;

- criação e implantação de um plano de desenvolvimento e conservação ambiental e turística municipal, contínuo e sustentável;
- estabelecimento de procedimentos que permitam o resgate das atividades de planejamento urbano, em bases ambientais, envolvendo a abordagem sistêmica;
- elaboração de projetos para o reconhecimento dos patrimônios histórico-culturais pelos órgãos competentes, como o Instituto do Patrimônio Histórico e Artístico Nacional (Iphan);
- desenvolvimento de mecanismos participativos na formulação e na implantação de planos, programas e projetos ambientais, sociais e econômicos nos âmbitos municipal e estadual;
- estruturação do município e/ou do empreendimento para a adoção de instrumentos de gestão ambiental de caráter preventivo, em especial o zoneamento ambiental, a avaliação de impacto ambiental e a análise de risco;
- inclusão da educação ambiental como tema transversal a ser aplicado nas políticas públicas e ambientais nos diversos níveis de governo, com programas e ações ligados direta ou indiretamente à educação ambiental formal e não formal;
- organização do Sistema Municipal de Meio Ambiente (Sismuma), incluindo conselhos colegiados, com competências para a formulação e a aplicação da política ambiental e urbanística;
- fortalecimento da capacitação de agentes municipais para a aplicação dos instrumentos preventivos e de controle e mitigação de impactos ambientais;
- implementação de instrumentos econômicos de gestão ambiental como, os sistemas de gestão International Organization for Standardization (ISO) e os sistemas de gestão integrados;
- adoção de um gerenciamento ambiental específico para projetos e obras municipais de grande porte como o Estudo de Impacto Ambiental e Relatório de Impacto Ambiental (EIA-Rima).
- aplicação dos EIA para a prevenção e o controle de impactos ambientais decorrentes da implantação de projetos de médio porte, estruturados por meio da análise de compatibilidade com o planejamento, com o zoneamento ambiental, urbano e turístico e demais atividades da área na qual há atividade turística, considerando a capacidade de suporte da infraestrutura viária, de saneamento e outras (elaboração do zoneamento de acordo com a legislação);
- formulação e difusão de um manual de diretrizes (geral) para o planejamento e a gestão ambiental, que servirá como base para os planos, projetos, programas e ações locais ou pontuais em cada área;

O manual de diretrizes ao qual nos referimos neste último item deve conter alguns elementos básicos, tais como:

- Agentes envolvidos: dizem respeito a comunidade, população visitante, Poder Público, instituições e profissionais.
- Prazos (curto/médio/longo): dependem do andamento dos projetos e de possíveis imprevistos e devem ser considerados na ecodinâmica do meio ambiente e na aplicação da abordagem sistêmica.
- Tipo de diretrizes: são preventivas, corretivas/adaptativas ou inclusivas.
- Fundamento geral (pontos a considerar): refere-se à recomendação de propor, em todo e qualquer contexto, planos e medidas que abranjam e inter-relacionem questões como a inclusão, a responsabilidade social, a economia e a proteção ambiental.

As diretrizes propostas são chamadas de *subsídios para o planejamento e a gestão ambiental*, pois abrangem o meio como um todo e não somente os aspectos físico-ambientais, levando em consideração também os elementos histórico--culturais, socioeconômicos, político-administrativos e de infraestrutura básica e turística. Estas devem cumprir cada necessidade primordial para sua aplicação, antes da implantação de cada plano e projeto.

Entretanto, devemos lembrar que, considerando as alterações que podem ocorrer nas etapas do planejamento e da gestão e também a própria dinâmica do meio ambiente, essas diretrizes precisam ser constantemente revistas e, sempre que se fizer necessário, atualizadas e complementadas conforme a situação presente da área.

Para finalizar nossa abordagem, apresentamos na Figura 5.3 os elementos básicos da proposição de diretrizes.

Figura 5.3 ~ Esquema fundamental da proposição de diretrizes

Proposta de diretrizes como subsídios para o planejamento e a gestão ambiental
Manual de diretrizes para o planejamento e gestão ambiental.

↓

Agentes envolvidos
Comunidade, população visitante, Poder Público, instituições, profissionais.

Prazos
Curto – médio – longo
• Dependem do andamento dos projetos e possíveis imprevistos.
• Devem ser consideradas a ecodinâmica do meio ambiente e a aplicação da abordagem sistêmica.

Tipos de diretrizes
Preventivas – corretivas/adaptativas – Inclusivas

Fundamento geral
(Pontos a considerar)
Medidas que abrangem e inter-relacionam questões como:
inclusão e responsabilidade social, proteção ambiental,
economia (turismo) em busca de sustentabilidade.

↓

Construção/elaboração e aplicação de planos e projetos
para o planejamento e gestão ambiental (turístico)
município/empreendimentos

Fonte: Adaptado de Moraes, 2006.

para concluir...

Com base em todo o conteúdo que abordamos nesta obra, podemos concluir que atividade turística é uma oportunidade viável para municípios e empreendimentos e está fortemente atrelada ao desenvolvimento e crescimento da economia, à inclusão social, à valorização e à proteção dos aspectos ambientais e histórico-culturais.

Assim, percebemos que a eficácia e o sucesso do turismo, por meio da aplicação de instrumentos para o planejamento e a gestão ambiental, são imprescindíveis na busca pelo desenvolvimento econômico inter-relacionado à responsabilidade e inclusão social e à proteção ambiental, considerando que essas questões são necessárias para sustentar a qualidade do meio ambiente e a qualidade de vida.

A proposição de diretrizes como subsídios para o planejamento e a gestão ambiental e os aspectos correlatos que correspondem à fase final da metodologia Plamtur compõem um direcionamento para a área em estudo, além de servir como exemplo para outros municípios e empreendimentos, pois são sugestões importantes que podem contribuir para a busca e a manutenção da sustentabilidade.

Nesse sentido, chamamos atenção para a necessidade de valorização do meio ambiente e do aproveitamento das oportunidades de crescimento econômico, das vocações locais e da melhoria da qualidade de vida. Esta obra, bem como a metodologia aqui apresentada, é também um subsídio para auxiliar futuros projetos, guiar pesquisadores, estudantes, população local, não só para reconhecer a área, mas também para observar questões imprescindíveis à qualidade de vida no local e seus elementos, inclusive sobre sua própria valorização.

Entre os projetos e planos que podem usar a metodologia Plamtur, citamos:

+ Programa de Regionalização do Turismo;
+ Plano de Desenvolvimento Municipal do Turismo;
+ plano diretor;
+ zoneamento municipal (ou da área em que será aplicada);
+ programas de educação ambiental formal e não formal;
+ programas de responsabilidade e inclusão socioambiental;
+ programas de proteção Ambiental.

- programas de proteção e valorização do patrimônio histórico-cultural;
- programas de valorização das áreas de proteção ambiental;
- programas de desenvolvimento econômico;
- programas de proteção às áreas especiais e de interesse turístico.

Assim, defendemos que a metodologia Plamtur pode servir como subsídio para o planejamento, a implantação e a gestão da atividade econômica de ações que envolvam interação com as características da área, o meio ambiente e a população local e visitante. Portanto, concluímos que essa metodologia pode ser aplicada (ainda que sejam necessárias algumas readaptações) em municípios e empreendimentos que tinham suas vocações, fragilidades e potencialidades, sendo um subsídio importante para o planejamento e a gestão.

Enfim, a metodologia Plamtur pretende auxiliar a elaboração de planos e ações em áreas com potencial turístico. Além disso, essencialmente, serve como subsídio para o planejamento e gestão ambiental do turismo, com a aplicação de uma gestão contínua e efetiva de planos e ações viáveis na ligação direta entre os objetivos teóricos e científicos de uma metodologia e sua aplicação para o proveito socioambiental.

referências

AB'SABER, A. N. Potencialidades paisagísticas brasileiras. *Recursos naturais, meio ambiente e poluição*, Rio de Janeiro, v. 1, p. 19-38, 1977.

ALVARENGA, S. R. *A análise das áreas de proteção ambiental enquanto instrumento da política nacional do meio ambiente*. Dissertação (Mestrado em Engenharia) – Universidade de São Paulo, São Carlos, 1997.

BARBIERI, E. *Desenvolver ou preservar o ambiente?* São Paulo: Cidade Nova, 1996.

BARRETO, M. *Planejamento e organização em turismo*. 3. ed. Campinas: Papirus, 1998.

BARROCO, H. E. Uma reflexão sobre o planejamento turístico-cultural e sustentabilidade. *Revista Turismo & Desenvolvimento*, Campinas, v. 3, n. 1, p. 9-16, jan./jun. 2004.

BARROS, S. M. Turismo, sociedade, meio ambiente e ecoturismo. In: LAGE, B. H. G.; MILONE, P. C. (Org.). *Turismo*: teoria e prática. São Paulo: Atlas, 2000. p. 85-93.

BENI, M. C. *Análise estrutural do turismo*. 5. ed. São Paulo: Senac, 2001.

_____. Política e estratégia do desenvolvimento regional: planejamento integrado e sustentável do turismo. *Revista Turismo em Análise*, São Paulo, v. 10, n. 1, p. 7-17, 1999.

BRASIL. Constituição (1988). *Diário Oficial da União*, Brasília, DF, 5 out. 1988. Disponível em: <http://www.planalto.gov.br/ccivil_03/constituicao/constituicao.htm>. Acesso em: 9 out. 2017.

_____. Lei n. 9.795, de 27 de abril de 1999. *Diário Oficial da União*, Poder Legislativo, Brasília, DF, 28 abr. 1999. Disponível em: <http://www.planalto.gov.br/ccivil_03/leis/L9795.htm>. Acesso em: 10 out. 2017.

_____. Ministério da Indústria, do Comércio e do Turismo. Ministério do Meio Ambiente, dos Recursos Hídricos e da Amazônia Legal. *Diretrizes para uma política nacional de ecoturismo*. Brasília, 1994. Disponível em: <http://www.mma.gov.br/estruturas/sedr_proecotur/_publicacao/140_publicacao20082009043710.pdf>. Acesso em: 9 out. 2017.

_____. Ministério do Meio Ambiente. Resolução Conama n. 001, de 23 de janeiro de 1986. *Diário Oficial da União*, Brasília, DF, 17 fev. 1986. Disponível em: <http://www.mma.gov.br/port/conama/res/res86/res0186.html>. Acesso em: 11 out. 2017b.

BRASIL. Ministério do Turismo. *Programa de Regionalização do Turismo – Diretrizes*. Brasília, 2013. Disponível em: <http://www.turismo.gov.br/images/programas_acoes_home/PROGRAMA_DE_REGIONALIZACAO_DO_TURISMO_-_DIRETRIZES.pdf >. Acesso em: 9 out. 2017.

BRASIL. Ministério do Turismo, Secretaria Nacional de Políticas de Turismo, Departamento de Estruturação, Articulação e Ordenamento Turístico, Coordenação Geral de Segmentação. *Ecoturismo*: orientações básicas. 2. ed. Brasília: Ministério do Turismo, 2010. Disponível em: <http://www.turismo.gov.br/sites/default/turismo/o_ministerio/publicacoes/downloads_publicacoes/Ecoturismo_Versxo_Final_IMPRESSxO_.pdf>. Acesso em: 10 out. 2017.

BRITO, E. N. Avaliação de impacto estratégica: discussão conceitual e metodológica. *Avaliação de Impactos*, Rio de Janeiro, v. 1, n. 2, p. 69-78, 1996.

BURLE MARX, R. Recursos paisagísticos do Brasil. In: IBGE – Instituto de Geografia e Estatística. *Recursos naturais, meio ambiente e poluição*. Rio de Janeiro, 1977. p. 39-46.

CASSOL, R. *Zoneamento ambiental elaborado com variáveis otimizadas estatisticamente, geradas por técnicas cartográficas*. Tese (Doutorado em Geografia Humana) – Universidade de São Paulo, São Paulo, 1996.

CAVACO, C. Turismo rural e desenvolvimento local. In: _____. *Turismo e geografia*: reflexões teóricas e enfoques regionais. 3. ed. São Paulo: Hucitec, 2001. p. 94-121.

CHACEL, F. M. O inventário no planejamento da paisagem. In: IBGE – Instituto de Geografia e Estatística. *Recursos naturais, meio ambiente e poluição*. Rio de Janeiro, 1977. p. 47-53.

CHRISTOFOLETTI, A. *Análise de sistemas em geografia*. São Paulo: Hucitec, 1979.

CRUZ, R. de C. A. da. *Introdução à geografia do turismo*. São Paulo: Roca, 2001.

CRUZ, R. A. *Políticas públicas de turismo no Brasil*: significado, importância, interfaces com outras políticas setoriais. São Paulo, 2002. Mimeo.

DARLING, F. F.; DASMANN, R. F. A sociedade humana, vista como um ecossistema. In: DARLING, F. F. et al. *Homem, ecologia e meio ambiente*. Rio de Janeiro: Fundação Brasileira para Conservação da Natureza, 1971.

DIAS, G. F. *Educação ambiental*: princípios e prática. 3. ed. São Paulo: Gaia, 1994.

DONAIRE, D. Considerações sobre a variável ecológica, as organizações e o turismo. – In: LAGE, B. H. G.; MILONE, P. C. (Org.). *Turismo*: teoria e prática. São Paulo: Atlas, 2000. p. 80-84.

ENDRES, A. V. Sustentabilidade e ecoturismo: conflitos e soluções a caminho do desenvolvimento. *Turismo em Análise*, São Paulo, v. 9, n. 1, p. 37-50, maio 1998. Disponível em: <http://www.periodicos.usp.br/rta/article/view/63423/66166>. Acesso em: 10 out. 2017.

FERNANDES, F.; ANDREOLI, C. V. Proposta preliminar para uma abordagem metodológica do processo de revisão dos estudos de impacto ambiental no Brasil. *Avaliação de Impactos*, Rio de Janeiro, v. 1, n. 2, p. 7-21, 1996.

FRANCO, M. A. R. *Planejamento ambiental para a cidade sustentável*. 2. ed. São Paulo: Annablume; Fapesp, 2001.

FRANCO, R. M. Principais problemas ambientais municipais e perspectivas de solução. In: PHILIPPI JR., A. et al. *Municípios e meio ambiente*: perspectivas para a municipalização da gestão ambiental no Brasil. São Paulo: Anamma, 1999.

GEORGE, P. *O meio ambiente*. São Paulo: Difusão Europeia do Livro, 1973. (Coleção Saber Atual).

GURGEL, G. ONU declara 2017 o Ano Internacional do Turismo Sustentável. *Ministério do turismo*, 2 jan. 2017. Disponível em: <http://www.turismo.gov.br/ultimas-not%C3%ADcias/7383-onu-declara-2017-o-ano-internacional-do-turismo-sustentável.html>. Acesso em: 9 out. 2017.

GRYZINSKI, V. Perigo real e imediato. *Veja*, Rio de Janeiro, ano 38, n. 41, p. 84-87, out. 2005.

HALL, C.; JENKINS, J. *Tourism and Public Policy*. London: Routledge, 1995.

HERRERA, A. A humanidade está condenada a extinção? In: DAGNINO, R. (Org.). *Amílcar Herrera*: um intelectual latino-americano. Campinas: Unicamp, 2000.

IBGE – Instituto de Geografia e Estatística. Área territorial brasileira. Disponível em: <http://www.ibge.gov.br/home/geociencias/cartografia/default_territ_area.shtm>. Acesso em: 9 out. 2017.

LEMOS, A. I. G. *Turismo*: impactos socioambientais. São Paulo: Hucitec, 1996.

LIMA, S. T. Ecoturismo: percepção, valores e conservação da paisagem. *Caderno de Geografia*, Belo Horizonte, v. 8, n. 10, p. 57-62, 1998. Disponível em: <http://periodicos.pucminas.br/index.php/geografia/article/view/16041/12226>. Acesso em: 18 out. 2017.

LINDBERG, K.; HAMKIWS, D. E. *Ecoturismo*: um guia para planejamento e gestão. São Paulo: Senac, 1995.

LOMBARDO, M. A. *Qualidade ambiental e planejamento urbano*: considerações e métodos. Tese (Livre-Docência em Geografia) – Universidade de São Paulo, São Paulo, 1995.

MACHADO, P. A. L. *Direito ambiental brasileiro*. 8. ed. São Paulo: Malheiros, 2000.

MAZOLLENIS, E. *Política municipal de meio ambiente*: propostas e reflexões para uma sociedade sustentável. Jaboticabal: Fábrica da Palavra, 1998.

MILARÉ, E. Instrumentos legais e econômicos aplicáveis aos municípios, sistema municipal do meio ambiente: Sismuma/Sisnama. In: PHILIPPI JR., A. et al. *Municípios e meio ambiente*: perspectivas para a municipalização da gestão ambiental no Brasil. São Paulo: Anamma, 1999. p. 33-46.

MILARÉ, E.; BENJAMIN, A. H. V. *Estudo prévio de impacto ambiental*: teoria, prática e legislação. São Paulo: Revista dos Tribunais, 1993.

MONTEIRO, R. C.; RIBEIRO, L. F. B.; ROLDAN A. A. Espeleogênese e caracterização estrutural das cavernas areníticas da zona de transição entre a depressão periférica paulista e cuestas basálticas, região centro-leste do estado de São Paulo – Brasil. *Revista Geociências*, Rio Claro, n. 18, 1999.

MORAES, C. S. B. Conservação e educação ambiental no turismo. *Relatório de Atividade Programada*. Universidade de São Paulo, Escola de Engenharia de São Carlos, São Carlos, 2004.

_____. *Planejamento ambiental do turismo*. Dissertação (Mestrado em Ciências da Engenharia Ambiental) – Universidade de São Paulo, São Carlos, 2002. Disponível em: <http://www.teses.usp.br/teses/disponiveis/18/18139/tde-25012017-150835/pt-br.php>. Acesso em: 10 out. 2017.

_____. *Planejamento e gestão ambiental*: uma proposta metodológica. Tese (Doutorado em Ciências da Engenharia Ambiental) – Universidade de São Paulo, São Carlos, 2006.

MORAES, C. S. B. et al. O inventário ambiental como instrumento para a implantação do ecoturismo e do turismo rural em nível municipal. In: CONGRESSO BRASILEIRO DE TURISMO RURAL, 3, 2001, Piracicaba. *Anais...* Piracicaba: FEALQ/ ESALQ/ USP, 2001. p. 119-128.

MORAES, C. S. B.; GUIMARÃES, S. T. L. Subsídios para a implantação do turismo ambiental no município de Charqueada/SP. *Revista Holos Environment*, Rio Claro, v. 1, n. 1, 2001.

MORAES, C. S. B.; MAUAD, F. F. Etapas preliminares para o planejamento ambiental do turismo. *Revista Turismo & Desenvolvimento*, Campinas, v. 1, n. 2, p. 137-145, 2001.

NAVEH, Z.; LIEBERMAN, A. *Landscape Ecology*: Theory and Applications. New York: Springer-Verlag, 1984.

OMT – Organização Mundial do Turismo. *Desenvolvimento de turismo sustentável*: manual para organizadores locais. Brasília: OMT, 1994a.

_____. *Planejamento para o desenvolvimento de turismo sustentável em nível municipal*. Brasília: OMT, 1994b.

PELLEGRINI FILHO, A. *Ecologia, cultura e turismo*. Campinas: Papirus, 1993.

PÉREZ, X. P. *Turismo cultural*: uma visão antropológica. El Sauzal: ACA y Pasos, RTPC, 2009. (Colección Pasos Edita, n. 2). Disponível em: <https://repositorio.utad.pt/bitstream/10348/4613/1/livro%20tc%20xerardo.pdf>. Acesso em: 11 out. 2017.

PETAK, W. J. Environmental Planning and Management: The Need for an Integrative Perspective. *Environmental Management*, New York, v. 4, n. 4, p. 287-295, jul. 1980.

PETROCCHI, M. *Turismo*: planejamento e gestão. 2. ed. São Paulo: Futura, 1998.

PHILIPPI JUNIOR, A. et al. *Municípios e meio ambiente*: perspectivas para a municipalização da gestão ambiental no Brasil. São Paulo: Anamma, 1999.

QUEIROZ, O. T. M. M. *Impactos das atividades turísticas em área de reservatório*: uma avaliação socioambiental do uso e ocupação na área da Represa do Lobo, Município de Itirapina/SP. Tese (Doutorado Ciências da Engenharia Ambiental) – Universidade de São Paulo, São Carlos, 2000.

RAMOS, L. T. S. Conceituação do turismo rural sob a ótica do direito agrário. In: OLIVEIRA, C. G. S.; MOURA, J. C.; SGAI, M. *Turismo*: novo caminho no espaço rural brasileiro. Piracicaba: Fealq, 2000.

RANIERI, V. E. L. *Discussão das potencialidades e restrições do meio como subsídio para o zoneamento ambiental*: o caso do município de Descalvado/SP. Dissertação (Mestrado em Ciências da Engenharia Ambiental) – Universidade de São Paulo, São Carlos, 2000.

REIGOTA, M. *O que é educação ambiental*. São Paulo: Brasiliense, 2006. (Coleção Primeiros Passos).

REJOWSKI, M. Realidade *versus* necessidades da pesquisa turística no Brasil. *Revista Turismo em Análise*, São Paulo, v. 9, n. 1, p. 82-91, maio 1998. Disponível em: <https://www.revistas.usp.br/rta/article/view/63427/66170>. Acesso em: 11 out. 2017.

RODRIGUES, A. B. *Turismo e espaço*: rumo a um conhecimento transdisciplinar. 3. ed. São Paulo: Hucitec, 2001.

RODRIGUES, A. M. Desenvolvimento sustentável e atividade turística. In: LUCHIARI, M. T. D. (Org.). *Textos didáticos*: turismo e meio ambiente. Campinas, 1997. v. 2.

RUSCHMANN, D. V. M. Gestão da capacidade de carga turístico-recreativa com fator de sustentabilidade ambiental: o caso da Ilha João da Cunha. In: LAGE, B. H. G.; MILONE, P. C. (Org.). *Turismo*: teoria e prática. São Paulo: Atlas, 2000a.

_____. *Marketing turístico*: um enfoque promocional. 2. ed. Campinas: Papirus, 1995.

_____. *Turismo e planejamento sustentável*: a proteção do meio ambiente. 6. ed. Campinas: Papirus, 2000b.

SACHS, I. *Caminhos para o desenvolvimento sustentável*. 2. ed. Rio de Janeiro: Garamond, 2002.

SANTOS, M. *Técnica, espaço, tempo*: globalização e meio técnico-científico informacional. 2. ed. São Paulo: Hucitec, 1996.

SANTOS, R. F. *Planejamento ambiental*: teoria e prática. São Paulo: Oficina de Textos, 2004.

SÃO PAULO (Estado). Secretaria do Meio Ambiente. *Área de proteção ambiental do estado de São Paulo*: propostas de zoneamento ambiental. São Paulo, 1992.

SARTI A. C.; QUEIROZ, O. T. M. M. Espaço, paisagem, lugar, território e região: a organização do espaço turístico. In: BENI, M. C. (Org.). *Turismo*: planejamento estratégico e capacidade de gestão – desenvolvimento regional, rede de produção e clusters. Barueri: Manole, 2012. p. 3-28.

SATO, M. *Educação ambiental*. São Carlos: Rima, 2002.

SIMMONS, I. G. *Ecología de los recursos naturales*. Barcelona: Omega, 1982.

SLOCOMBE, D. S. Environmental Planning, Ecosystem Science and Ecosystem Approaches for Integrating Environment and Development. *Environmental Management*, New York, v. 17, n. 3, p. 289-303, May 1993.

SPIRN, A. W. *O jardim de granito*: a natureza no desenho da cidade. São Paulo: Edusp, 1995.

SWARBROOKE, J. *Turismo sustentável*: conceitos e impacto ambiental. São Paulo: Aleph, 2000. v. 1.

TABACZENSKI, R. R. *A utilização do sistema de informações geográficas para o macrozoneamento ambiental*. Dissertação (Mestrado em Engenharia Elétrica e Saneamento) – Universidade de São Paulo, São Carlos, 1995.

TRICART, J. *Ecodinâmica*. Rio de Janeiro: IBGE, 1977.

TRIGO, L. G. *Turismo básico*. 5. ed. São Paulo: Senac, 2001.

TUAN, Y. F. *Espaço e lugar*: a perspectiva da experiência. São Paulo: Difel, 1983.

TULIK, O. Estratégias do desenvolvimento do turismo rural. In: OLIVEIRA, C. G. S.; MOURA, J. C.; SGAI, M. *Turismo*: novo caminho no espaço rural brasileiro. Piracicaba: Fealq, 2000.

VARGAS, H. C. Turismo e valorização do lugar. *Revista Turismo em Análise*, São Paulo, v. 9, n. 1, p. 7-19, 1998.

YÁZIGI, E. *Turismo*: uma esperança condicional. São Paulo: Plêiade, 1998.

anexo 1

QUESTIONÁRIO
Inventário municipal

1. CARACTERIZAÇÃO GERAL DO MUNICÍPIO
(Administração/pesquisador)

a. Nome:
b. Estado (região):
c. País:
d. Região administrativa:
e. Região política de governo:
f. Limites regionais:
g. Telefones úteis

- Prefeitura Municipal:
- Delegacia de Polícia Municipal:
- Hospital Municipal:
- Emergência (Polícia):

h. *Website*:
i. Altitude:
j. Latitude/Longitude:
k. Área total:
l. Classificação do município na situação turística (Embratur):

( ) MPT – Município com Potencial Turístico
( ) MT – Município Turístico
( ) Regionalização Turística

m. Tipo de turismo predominante no município (baseado nos atrativos):

( ) Gastronômico
( ) Rural
( ) Histórico-cultural
( ) Ecológico
( ) Ecoturismo
( ) Evento
( ) Hidromineral
( ) Outro. Qual?

n. Principais recursos paisagísticos e atrativos turísticos do município:
o. Outros recursos/atrativos:
p. Época de maior visitação (ano):
q. Número médio de visitantes por dia:

2. CARACTERIZAÇÃO FÍSICO-AMBIENTAL
(Análise de campo/mapas – Pesquisador)

a. Fiscalização de órgãos ambientais

( ) Sim. Quais?
( ) Não, mas pretende providenciar.
( ) Não.

b. Monitoramento/assessoria ambiental

( ) Sim. Quem?
( ) Não, mas há interesse.
( ) Não.

c. Existência de atividades de educação ambiental no município

( ) Sim. De que tipo?
( ) Não, mas há interesse.
( ) Não.

d. Na implantação do projeto ocorreu adequação/respeito ao meio ambiente natural:

( ) Em 100% do projeto.
( ) Em 50% do projeto.
( ) Em menos de 50% do projeto.

e. Descrição dos aspectos físico-ambientais do local:

Geomorfologia

- Unidade fisiográfica
- Província de degradação (montanhas, cuestas...) com gênese – idade, forma e altura
- Província de agradação (planícies, praias...) com gênese – idade, forma e altura

Pedologia

- Profundidade
- Erodibilidade
- Permeabilidade
- Classe de uso do solo

Hidrografia

- Bacia hidrográfica – unidade de gerenciamento
- Principais cursos d'água, lagos, açudes (ordens)
- Perene/não perene
- Fontes minerais e termais

Flora

- Classificação fitogeográfica
- Florística representativa (espécies mais abundantes por formação)
- Nível de preservação e/ou alteração
- Importância biológica
- Importância social

Fauna

- Espécies mais comuns, em extinção, endêmicas e raras
- Presença de refúgios de fauna
- Espécies peçonhentas e/ou perigosas para o ser humano

Clima

- Classificação (Koppen)
- Temperaturas (mínima/máxima)
- Pluviosidade (mês mais e menos chuvoso e média anual)
- Umidade relativa do ar (mínima/máxima por época, média anual)
- Insolação (mês mais e menos ensolarado, média anual)
- Nebulosidade (mês mais nublado e índice médio)
- Ventos (direção e velocidade predominantes)

Paisagem

- Tipificação (paisagem serrana, costeira etc.)
- Qualidade visual da paisagem (Naturalidade – estado de preservação da paisagem em relação à condição original; Diversidade – unidades fisiográficas e elementos visuais; Singularidade – elementos que se destacam pela originalidade, raridade, grandiosidade, importância ecológica, extrema beleza).
- Intrusões visuais (elementos e estruturas artificiais agressivas e em desarmonia com a estética da paisagem ao entorno, como escavações, desflorestamentos).

3. CARACTERIZAÇÃO SOCIOECONÔMICA E POLÍTICO-ADMINISTRATIVA
(Administração/Pesquisador)

a. Demografia

- Origem da população
- Estrutura atual – por sexo/idade
- Expectativa de vida – natalidade/mortalidade
- Distribuição urbana e rural

b. Condições de vida

- Grau de urbanização (densidade)
- Moradias (individuais, coletivas)
- Educação (níveis de escolaridade, taxas)
- Salários/taxas de desemprego
- Enquadramento sindical
- Distribuição de renda
- Dependência do turismo

c. Economia

- Setores de produção (tipos, mão de obra)
- Êxodo rural (% na importância econômica)
- Agricultura
- Pecuária
- Pesca
- Comércio e serviços
- Turismo
- PEA (população economicamente ativa – por setor, por faixa salarial)

d. Impostos
 + Municipais – arrecadação anual
 + Estaduais
 + Federais

e. Ocupação e uso do solo – urbano e rural
 + Concentração fundiária
 + Propriedades governamentais (município, estado e federação)

f. Legislações municipais, estaduais e federais
 + Leis de zoneamento urbano
 + Leis e políticas ambientais

g. Organização político-administrativa (prefeito, vice, vereadores, secretários etc.):
h. Principais atividades econômicas desenvolvidas no município:
i. Órgão/grupo responsável pela administração do turismo no município:

   ( ) Prefeitura Municipal
   ( ) Secretaria de Turismo
   ( ) Coordenadoria de Turismo
   ( ) Diretoria do Turismo
   ( ) Especialistas na área de turismo
   ( ) Outro

j. Responsável pela elaboração do projeto de planejamento e implantação do turismo:

   ( ) Administração Pública
   ( ) Órgão do turismo municipal
   ( ) Empresa de planejamento
   ( ) Grupo de especialistas na área de turismo
   ( ) Equipe multi-interdisciplinar
   ( ) Outros

k. Relação da administração municipal com os empresários do turismo:

   ( ) Apoio
   ( ) Restrições
   ( ) Nenhuma

l. Relação da administração municipal com órgãos/instituições ligadas ao turismo, meio ambiente e responsabilidade e inclusão social (ONGs, secretarias, universidades, centros de estudos, e outros, em nível estadual, federal ou internacional)

( ) Turismo. Quais?
( ) Meio ambiente. Quais?
( ) Responsabilidade e Inclusão Social. Quais?

m. Investimentos para a implantação (custo):
Considerado pela administração

( ) Baixo
( ) Médio
( ) Alto

Recursos financeiros utilizados para a implantação

( ) Próprios
( ) Financiamento. Quais?

Recursos públicos utilizados para o turismo

( ) Sim. De que tipo?
( ) Não

n. Lucros com a atividade turística

( ) Suficiente (satisfatório)
( ) Insuficiente

o. Utilização dos lucros obtidos com a atividade

( ) Melhoria do município (como atrativo)
( ) Manutenção dos equipamentos/serviços turísticos
( ) Subsistência
( ) Outro

p. Planos municipais (fase atual/previsão) – Plano diretor municipal – Plano regional – Plano nacional
q. Projetos em desenvolvimento para o turismo/meio ambiente/inclusão social (atualmente):
r. Projetos futuros:
s. *Marketing*

✦ Divulgação

( ) Regional
( ) Nacional
( ) Internacional

( ) Jornais/revistas
( ) Internet
( ) Fôlderes
( ) Agência de viagens
( ) TV
( ) Outros. Quais?

✦ Campanhas realizadas:
✦ Campanhas previstas:

4. CARACTERIZAÇÃO HISTÓRICO-CULTURAL
(Administração/pesquisador)

a. Histórico (o que era antigamente e como surgiu o turismo):
b. Origem do nome:
c. Eventos/festas do município com data (religiosas, científicas, esportivas e típicas):
d. Monumentos históricos:
e. Ciência e tecnologia (centros de estudos/pesquisas):
f. Folclore/artesanato:
g. Gastronomia típica:

5. CARACTERIZAÇÃO DA INFRAESTRUTURA
(Administração/pesquisador)

5.1 Básica

a. De acesso
Distância do município até (colocar principais municípios regionais e da capital):
Tipo de transporte (via terrestre – rodovias mais importantes; via aérea – aeroporto)

Via de acesso municipal e regional:

( ) Ótima
( ) Boa
( ) Regular
( ) Ruim

b. Urbana

+ Abastecimento de água
+ Origem
+ Captação
+ Tratamento
+ Atendimento (%)
+ Saneamento
+ Tratamento
+ População com saneamento (%)
+ Básico
+ Fossa
+ Fossa séptica
+ Sanitários públicos (praças, bosques, rodoviária etc.)
+ Masculino/feminino
+ Deficientes físicos
+ Número de sanitários existentes
+ Condições (ótimo a péssimo)
+ Limpeza pública
+ Coleta pública (meios de coleta, frequência, porcentagem e tratamento)
+ Reciclagem
+ Reaproveitamento do lixo
+ Lixão
+ Aterro
+ Latões por toda a área pública
+ Energia elétrica
+ Atendimento no município (%)
+ Origem, tipo, voltagem
+ Quantidade (em %)

( ) Boa
( ) Suficiente
( ) Insuficiente
( ) Inexistente

- Transporte urbano (dentro do município)
- Tipos (terrestre, aéreos etc.)
- Frequência
- Atendimento (%)
- Circulação
- Sinalização na área urbana/rural
- Mapas (ruas e municipal)

c. Equipamentos e serviços

- Saúde (quantidade existente e forma de atendimento – convênios)
- Hospitais
- Postos de saúde
- Pronto-socorro
- Comunicação (quantidade/qualidade e abrangência)
- Telefones públicos
- Emissoras de rádio
- Correios
- Jornais e revistas
- Assistência mecânica
- Oficinas em geral
- Postos de gasolina
- Segurança
- Postos policiais
- Policiamento (militar, civil)
- Corpo de bombeiros

5.2 Turística

a. Hospedagem

- Tipos, nome, quantidade, contatos (hotel, *camping*, pousada, chalé etc.)

b. Alimentação

- Tipos e quantidade (restaurantes, bares, sorveterias, ambulantes etc.)

c. Entretenimentos (quantidade)

* Lojas de *souvenirs*
* Jogos/campeonatos
* Parques temáticos
* Locadoras de vídeo
* Foto e filmes
* Bibliotecas/centros culturais
* Cinemas/teatros
* Danceterias
* Academias de ginástica

d. Mão de obra treinada para o turismo

( ) Profissionais da área
( ) Comtur – Conselho Municipal do Turismo
( ) Guias locais
( ) Guias credenciados (Embratur)
( ) Outros

e. Outros

( ) Estacionamento
( ) Táxis
( ) Centro de informações turísticas
( ) Mapa turístico
( ) Locação de veículos, cavalos, bicicletas

* **Observações/Sugestões:**

....

Fonte: Adaptado de OMT, 1994a; OMT, 1994b; Moraes, 2006.

anexo 2

QUESTIONÁRIO
INVENTÁRIO DOS RECURSOS PAISAGÍSTICOS E ATRATIVOS TURÍSTICOS

1. CARACTERIZAÇÃO GERAL
(Empresário/pesquisador)

a. Nome do recurso paisagístico/atrativo turístico:
b. Localização

- Endereço:
- Telefone:
- *Website*:
- Altitude:
- Latitude/longitude:

c. Área:
d. Tipo de recurso/atrativo

( ) Particular
( ) Público
( ) Gastronômico
( ) Rural
( ) Histórico-cultural
( ) Ecológico
( ) Ecoturismo
( ) Evento
( ) Hidromineral
( ) Outro. Qual?

e. Principal recurso/atrativo:
f. Outros atrativos:
g. Época de maior visitação (ano):
h. Número médio de visitantes por dia:
i. Data de início da atividade turística:

2. CARACTERÍZAÇÃO FÍSICO-AMBIENTAL
(Análise de campo/mapas – Empresário/pesquisador)

a. Fiscalização de órgãos ambientais

( ) Sim. Quais?
( ) Não, mas pretende providenciar
( ) Não.

b. Monitoramento/assessoria ambiental

( ) Sim. Quem?
( ) Não, mas há interesse.
( ) Não.

c. Existência de atividades de educação ambiental no local

( ) Sim. Que tipo?
( ) Não, mas há interesse.
( ) Não.

d. Na implantação do projeto ocorreu adequação/respeito ao meio ambiente natural:

( ) Em 100% do projeto.
( ) Em 50% do projeto.
( ) Em menos de 50% do projeto.

e. Descrição dos aspectos físico-ambientais do local

✦ Geomorfologia:
✦ Pedologia:
✦ Hidrografia:
✦ Flora:
✦ Fauna:
✦ Clima:
✦ Paisagem:

3. CARACTERIZAÇÃO SOCIOECONÔMICA E POLÍTICO-ADMINISTRATIVA
(Empresário/pesquisador)

a. Principais atividades econômicas desenvolvidas no local:

b. Relação empresário/administração municipal:

   ( ) Apoio
   ( ) Restrições
   ( ) Nenhuma

c. Administração do local:

   ( ) Proprietário
   ( ) Especialista
   ( ) Outro

d. Responsável pela elaboração do projeto de planejamento e implantação do turismo:

   ( ) Proprietário
   ( ) Empresa de planejamento
   ( ) Especialista na área de turismo
   ( ) Outros

e. Investimentos para a implantação (custo):
   Considerado pelo empresário

   ( ) Baixo
   ( ) Médio
   ( ) Alto

   Recursos financeiros utilizados para a implantação

   ( ) Próprios
   ( ) Financiamento

f. Lucros com a atividade turística

   ( ) Suficiente (satisfatório)
   ( ) Insuficiente

g. Utilização dos lucros obtidos com a atividade

   ( ) Melhoria do local (atrativo)
   ( ) Outros fins
   ( ) Subsistência

h. Projetos em desenvolvimento para o turismo, meio ambiente, inclusão social (atualmente):
i. Projetos futuros:
j. *Marketing*:

• Divulgação

( ) Regional
( ) Nacional
( ) Internacional
( ) Jornais/revistas
( ) Fôlderes
( ) TV
( ) Internet
( ) Agência de viagens
( ) Outros. Quais?

4. CARACTERIZAÇÃO HISTÓRICO-CULTURAL
(Empresário/pesquisador)

a. Histórico (o que era antigamente e como surgiu o turismo):
b. Origem do nome:
c. Eventos/festas no local (com data):
d. Monumentos históricos:
e. Folclore/artesanato:
f. Gastronomia típica:

5. CARACTERIZAÇÃO DA INFRAESTRUTURA
(Empresário/pesquisador)

5.1 Básica

a. De acesso
   Distância do centro do município até o atrativo:
   Tipo de transporte:
   Via de acesso:

   ( ) Ótima
   ( ) Boa
   ( ) Regular
   ( ) Ruim

Sinalização:

( ) Ótima
( ) Boa
( ) Regular
( ) Ruim
( ) Não há

b. Urbana
   Abastecimento de água potável

   ( ) Sim
   ( ) Não

   Saneamento

   ( ) Básico
   ( ) Fossa
   ( ) Fossa séptica

   Sanitários

   ( ) Masculino/feminino
   ( ) Deficientes físicos

   Limpeza

   ( ) Coleta pública
   ( ) Reciclagem/reaproveitamento do lixo
   ( ) Lixão
   ( ) Aterro
   ( ) Queimado
   ( ) Latões por todo o local

   Energia elétrica

   ( ) Boa
   ( ) Suficiente
   ( ) Insuficiente
   ( ) Inexistente

c. Equipamentos e serviços

( ) Saúde
( ) Hospital
( ) Posto de saúde
( ) Primeiros socorros no local

Comunicação

( ) Telefone público
( ) Telefone particular

5.2 Turística

a. Hospedagem

( ) *Camping*
( ) Não há
( ) Chalé
( ) Pousada
( ) Hotel
( ) Outro

Número de leitos:

b. Alimentação

( ) 1 refeição/dia
( ) 2 refeições/dia
( ) 3 refeições/dia
( ) Não oferece nenhum tipo de refeição

Tipo:

c. Entretenimentos

( ) *Souvenirs*
( ) Jogos/eventos
( ) Parque temático

d. Mão de obra treinada para o turismo

( ) Cursos na área
( ) Participação no Comtur
( ) Guia local
( ) Guia credenciado (Embratur)
( ) Outro

e. Outros

   ( ) Estacionamento
   ( ) Centro de visitantes
   ( ) Mapa turístico

* **Observações/sugestões:**

Fonte: Baseado em OMT, 1994a; OMT, 1994b; Moraes, 2006.

anexo 3

Avaliação Prévia de Impactos Ambientais			
Tipos de impactos	**Sim**	**Não**	**Tipo de ocorrência**
Impactos socioeconômicos			
Positivos			
Criação de empregos			
Diversificação da economia			
Aumento de renda			
Incentivo político-administrativo			
Negativos			
Falta de mão de obra especializada			
Relacionamento precário – população local/visitante			
Aumento excessivo da população local			
Aumento dos problemas sociais (uso de drogas ilícitas, crime etc.)			
Desvio dos benefícios econômicos			
Recursos financeiros insuficientes			
Impactos histórico-culturais			
Positivos			
Conservação do patrimônio			
Renovação da identidade cultural			
Intercâmbio cultural			

(continua)

(continuação)

Avaliação Prévia de Impactos Ambientais			
Tipos de impactos	**Sim**	**Não**	**Tipo de ocorrência**
Negativos			
Degradação do patrimônio			
Perda da identidade cultural			
Perda de autenticidade das manifestações culturais			
Abandono do patrimônio			
Impactos físico-ambientais			
Positivos			
Desenvolvimento da infraestrutura básica e turística			
Aproveitamento do espaço para o turismo			
Valorização da paisagem			
Conservação ambiental			
Melhoria na qualidade ambiental			
Conscientização ambiental			
Atividades de educação ambiental			
Negativos			
Poluição da água			
Poluição do ar			
Poluição sonora			
Poluição visual			
Poluição do solo			
Assoreamento de rios e córregos			
Compactação do solo			

(conclusão)

Avaliação Prévia de Impactos Ambientais			
Tipos de impactos	Sim	Não	Tipo de ocorrência
Desmatamento/ falta de vegetação			
Riscos ao usuário (escorregamento, deslizamento etc.)			
Erosão			
Degradação ecológica (ações antrópicas)			
Ausência de fiscalização ambiental			
Ausência de monitoramento ambiental			

Fonte: Baseado em OMT, 1994a; OMT, 1994b; Moraes, 2006.

sobre os autores

Clauciana Schmidt Bueno de Moraes ~ é professora, pesquisadora e coordenadora do Curso de Engenharia Ambiental na Universidade Estadual Paulista (Unesp). É líder do grupo de pesquisa Auditoria, Certificação e Gerenciamento Socioambiental (ACert) (CNPq-Unesp/UFSCar). Atua como membro do Comitê Brasileiro de Gestão Ambiental (ABNT/CB-38) e é membro da Comissão de Certificação de Cadeia de Custódia do Instituto de Manejo e Certificação Florestal (Imaflora). É mestre e doutora em Ciências da Engenharia Ambiental pela Escola de Engenharia de São Carlos (EESC), da Universidade de São Paulo (USP); e cursou seu pós-doutorado empresarial em Ciências Ambientais, pelo Conselho Nacional de Desenvolvimento Científico e Tecnológico (CNPq). É graduada em administração pela Universidade Paulista (Unip) e em Geografia pela Unesp. Tem experiência na área de engenharia sanitária e ambiental, com ênfase em ciências da engenharia ambiental, atuando principalmente nos seguintes temas: auditoria, certificação e gerenciamento socioambiental; construção sustentável (certificações e práticas); gestão de resíduos; indicadores ambientais/ sustentabilidade; normas, leis e políticas ambientais; planejamento e gestão ambiental; turismo e meio ambiente. É autora e organizadora dos livros *Auditoria e certificação ambiental* (Editora InterSaberes) e *A natureza e o patrimônio na produção do lugar turístico* (Editora Barlavento), bem como de diversos capítulos de livros e artigos científicos em anais de eventos e periódicos. Atua como assessora *ad hoc* da Fundação de Amparo à Pesquisa do Estado de São Paulo (Fapesp) e do Conselho Nacional de Desenvolvimento Científico e Tecnológico (CNPq), além de avaliadora e revisora de periódicos de artigos de revistas científicas e eventos (congressos, simpósios etc.) regionais, nacionais e internacionais.

Odaléia Telles Marcondes Machado Queiroz ~ é turismóloga, geógrafa e pedagoga. É mestre em Geociências e Meio Ambiente, pela Universidade Estadual Paulista (Unesp) e doutora em Ciências da Engenharia Ambiental pela Escola de Engenharia de São Carlos (EESC), da Universidade de São Paulo (USP). Atualmente é docente da Escola Superior de Agronomia Luiz de Queiroz (Esalq), da USP; docente e pesquisadora, orientadora do Programa de Pós-Graduação em Ecologia Aplicada – Centro de Energia Nuclear na Agricultura (Cena), da Esalq. Tem experiência nas áreas de turismo e geociências, com ênfase em meio ambiente, desenvolvimento e sociedade. Trabalha com pesquisas relacionadas aos temas: paisagem, construção socioespacial, ecoturismo e seus impactos, turismo no espaço rural, conservação, educação ambiental, lazer, metodologia da pesquisa. Participou como pesquisadora do projeto temático *Mudanças socioambientais no estado de São Paulo e perspectivas para conservação/Biota/Fapesp*, com o subprojeto *Inventário do potencial turístico da bacia do Corumbataí com vistas à conservação dos recursos paisagísticos existentes*. Desenvolveu pesquisa de pós-doutorado na Faculdade de Ciência e Tecnologia (FCT) da Universidade de Lisboa (UNL), Portugal, com o tema *O aproveitamento turístico dos patrimônios cultural e natural e seus impactos socioeconômicos e ambientais em espaço rural: o caso dos solares portugueses*. Foi coordenadora do curso de gestão ambiental da USP/Esalq e assumiu a presidência da Associação Amigos do Horto Florestal de Rio Claro (SP), organização não governamental ambientalista. Integra o conselho do Arquivo Histórico de Rio Claro (SP); o Grupo de Apoio Pedagógico (GAP) da USP/Esalq; a Comissão de Bolsas e Estágios da USP/ESALQ; e o conselho do Departamento de Economia, Administração e Sociologia da ESALQ/USP.

Frederico Fábio Mauad ~ é graduado em Engenharia Agrícola; especialista em Projeto e Construção de Pequenas Centrais Hidrelétricas pelas Centrais Elétricas Brasileiras (Eletrobras) pela Universidade Federal de Itajubá (Unifei); mestre em Engenharia Mecânica-Energia pela Unifei; participante do Programa de Doutorado com Estágio no Exterior (PDEE) no Instituto Superior Técnico, em Lisboa, Portugal; doutor em planejamento de sistemas energéticos pela Universidade Estadual de Campinas (Unicamp); livre-docente pela Universidade de São Paulo (USP) na área de conhecimento de planejamento de sistemas hidroenergéticos. Atualmente é professor associado da USP, membro do comitê científico dos simpósios da Associação Brasileira de Recursos Hídricos (ABRH) e do simpósio do Encontro Nacional de Engenharia de Sedimentos (Enes), além de coordenador de projetos de pesquisa e desenvolvimento (P&D) com o setor elétrico, da Agência Nacional de Energia Elétrica (Aneel), do Conselho Nacional de Desenvolvimento Científico e Tecnológico (CNPq), da Fundação de Amparo à Pesquisa do Estado de São Paulo (Fapesp), da Financiadora de Estudos e Projetos (Finep), do Fundo Estadual de Recursos Hídricos (Fehidro) e da Coordenação de Aperfeiçoamento de Pessoal de Nível Superior (Capes). Tem experiência na área de engenharia civil, com ênfase em hidrologia, atuando principalmente nos seguintes temas: estudo de assoreamento de grandes reservatórios; hidrometria aplicada; equipamentos para análise quantitativa, qualitativa e sedimento-métrica; planejamento e gerenciamento de recursos hídricos; aporte de sedimentos; recursos hídricos (quantitativo e qualitativo); simulação computacional; e usos múltiplos da água.

Na área administrativa da USP, ocupou o cargo de diretor do Centro de Recursos Hídricos e Ecologia Aplicada e foi eleito diretor da Fundaçao para o Incremento da Pesquisa e Aperfeiçoamento Industrial (Fipai). Além disso, é coordenador do curso de especialização em educação ambiental do Centro de Recursos Hídricos e Ecologia Aplicada e chefe do núcleo de hidrometria desse mesmo centro; coordenador do Programa de Pós-Graduação em Ciências da Engenharia Ambiental da Escola de Engenharia de São Carlos (EESC/USP); vice-coordenador do Programa de Aperfeiçoamento de Ensino (PAE) da EESC/USP/CAPES; vice-diretor do Centro de Ciências da Engenharia Aplicadas ao Meio Ambiente; membro do corpo editorial de três revistas (PCH/SHP; OLAM e Minerva/EESC/USP), e editor-chefe de uma delas; parecerista nas instituições Fapesp, Finep, Fapemig, CNPq e Capes e revisor de quatro revistas; membro de diversos comitês, organizadores e científicos, de eventos e congressos.

Os papéis utilizados neste livro, certificados por instituições ambientais competentes, são recicláveis, provenientes de fontes renováveis e, portanto, um meio **respons**ável e natural de informação e conhecimento.

FSC
www.fsc.org
MISTO
Papel | Apoiando o manejo florestal responsável
FSC® C103535

Impressão: Reproset